Panayota Petraki · Hubert Eichheim

Original Griechische Küche

Inhalt

In Griechenland genießen	7
Feste feiern	9
Typische Zutaten	11
Griechische Getränke	16
Wo verzehrt man was?	20

Mesédes und Salate	22
Pittas	50
Suppen und Saucen	62
Gemüse	74
Fisch und Meeresfrüchte	98
Fleisch und Geflügel	114
Süßspeisen	136

Glossar	148
Rezeptregister	150

In Griechenland genießen

Kalí órexi – Guten Appetit

Ein Strand mit feinen Kieselsteinen, zwei Tamariskenbäume mit ihrem nadelartigen Blattwerk, dazwischen ein auf Holzpfeilern errichtetes, mit Schilf bedecktes Dach, darunter drei Tische. An einem sitzen zwei Frauen und ein Mann und blicken hinaus auf das tiefblaue Meer, das völlig unbewegt daliegt und in der Sonne schimmert. Im Hintergrund breitet sich das Gebirge jenseits der Halbinsel Méthana aus. Bald wird die Sonne dahinter verschwinden. Den Menschen am Tisch nähert sich Frau Theónie, die Wirtin der kleinen Taverne. Ob sie etwas für sie tun kann, fragt Theonie. „Eine Kleinigkeit zu essen, wenn es möglich ist", antwortet der Mann. „Mal sehen, was ich habe. Kommen Sie, suchen Sie sich einen Fisch aus, er ist von heute morgen." Es dauert nicht lange, da reicht der Tisch nicht mehr aus für all die kleinen Köstlichkeiten, die Theónie inzwischen herbeigetragen hat: Kleine Schüsselchen mit Auberginensalat, in Essig eingelegten Pfefferschoten, Oliven, eine Scheibe Feta mit einem Schuss Olivenöl darüber, kleine gebackene Sardellen, Tsatsiki, frisches knuspriges Brot und einen halben Liter eisgekühlten Weißwein in der zylindrischen Kupferkanne. „*Kalí órexi* (Guten Appetit)", sagt Frau Theónie und zieht sich in ihr Häuschen zurück, um den bestellten Fisch zu backen.

Griechenland kommt in vielen Bereichen dem Paradies sehr nahe. Nicht nur wegen seine vielseitigen Landschaften, auch die Gastfreundschaft seiner Bewohner bezaubert die Besucher. Ganz zu schweigen von der griechischen Küche, die oft ganz einfach ist, sich aber in Einklang mit der Natur befindet.

So sah es Homer, der bekannte Dichter und Sänger, 800 Jahre vor Christus in seiner Beschreibung des Gartens des Phaiakenkönigs Alkinoos auf der Insel Kérkyra (oder Korfu, wie sie die Venezianer später nannten):

Da wuchsen
Hohe Bäume und blühten und strotzten von
glänzenden Früchten.
Birnen, Granaten und Äpfel tragen die Bäume,
es gibt auch
Feigen von hoher Süße; Oliven wachsen und blühen.
Niemals geht eine Frucht hier verloren und nie
gibt es Mangel
Winter wie Sommer, im ganzen Jahr nicht; der täglich
und stündlich
Wehende Westwind läßt ja die Früchte hier wachsen,
dort reifen.
Überreif wird Birne um Birne, Apfel an Apfel.
Traube hängt neben Traube und Feige drängt sich
an Feige.

Homer: Odyssee, Siebenter Gesang, 113-121
Übertragung von Anton Weiher, München 1961

Natürlich sind die Bedingungen nicht überall in Griechenland so üppig wie auf den Ionischen Inseln westlich des gebirgigen Festlands. Aber jede Landschaftsform lässt Unterschiedliches gedeihen und grenzt an andersgeartete Regionen anderer Länder. Diese Vielfalt hat auch die Küche geprägt: Im Westen ist sie eher italienisch, in Thrakien spürt man die Nähe zur Türkei; mal ahnt man die Nähe des Balkans, mal jene der arabischen Welt. Während in der thessalischen Ebene um Lárissa die Gemüsevielfalt dominiert, genießt man in Thessaloníki und Vólos Fisch und was das Meer sonst hergibt. Das Píliongebirge liefert wunderbares Obst, oben in den kretischen Bergen bekommt man zarte Gebirgszicklein und der Peloponnes ist für seine Oliven und sein schmackhaftes Lammfleisch berühmt.

Original Griechische Küche

Vielseitig, köstlich und gesund

Wer nur griechische Restaurants im Ausland oder die typischen Touristenlokale innerhalb des Landes kennt, gewinnt den Eindruck einer wenig abwechslungsreichen Küche: Lammrippchen, *tsatsíki*, *taramosaláta*, *moussakás*, Feta, „Greek Salad", Retsina und Ouzo sind die bekannten Versatzstücke. Wer aber in einer der Tavernen auf den Anhöhen rund um Athen einkehrt oder sich um die Mittagszeit in eines der winzigen Lokale im Modiano-Markt in Thessaloníki oder in eines der *tsipourádikos* in Vólos setzt, wird entdecken, wie köstlich die griechische Küche sein kann – ganz zu schweigen von dem, was in den Familien auf den Tisch kommt.

In jedem größeren Ort auf dem Festland und auf den Inseln findet einmal wöchentlich ein Markt statt. Es würde sich lohnen, einer Hausfrau auf den Fersen zu bleiben, die ihren Einkaufskorb mit eben jenem von Homer schon beschriebenen Obst und Gemüse gefüllt hat, und an dem Essen teilzunehmen, das sie damit zubereitet. Leider ist dieses Glück nur wenigen vergönnt, weshalb Sie sich von den Rezepten in diesem Buch verführen lassen sollen. Dann haben Sie einen doppelten Gewinn: Schlemmergenuss und gesunde Kost in einem. Die Griechen haben innerhalb Europas die höchste Lebenserwartung. Vier Dinge tragen dazu bei:
– das frische Obst, das es von Mai bis Februar gibt
– der hohe Anteil an Gemüse in der griechischen Küche
– der reiche Konsum von Käse und Joghurt
– das vorzügliche Olivenöl, das nicht nur gut schmeckt, sondern auch gesund ist.

Griechisch oder türkisch?

Beinahe hätte es im Winter 1988 auf dem berühmten Weltwirtschaftsforum in Davos einen politischen Eklat gegeben. Anlass war die Speisenfolge bei einem offiziellen Essen, das der griechische Ministerpräsident Papandréou seinem türkischen Kollegen Turgut Özal gab. Die ursprüngliche Menükarte, die der türkischen Seite vorab zugestellt worden war, enthielt Speisen wie *tsatsíki*, *imám beildí*, *kephtédes*, *tzoutzoukákia*, *baklavás*, *kataïfi* und *halvás*, alles Namen türkischer Herkunft. Der damalige Außenminister Griechenlands war wütend, ließ die Speisenfolge ändern und entließ den zuständigen Protokollchef. Er befürchtete, dass die Verhandlungsposition

der griechischen Delegation geschwächt würde, wenn durch Gerichte mit türkischen Namen der Eindruck entstünde, die griechische Küche sei nur ein Abklatsch der türkischen ohne eigenen Charakter.

Die Wahrheit ist: Der größte Teil Griechenlands stand über vier Jahrhunderte unter türkischer Herrschaft. Erst nach dem Befreiungskrieg von 1821 entstand das heutige Griechenland, das sich dann nur langsam bis zu den heutigen Grenzen erweiterte. Thessaloníki wurde 1912 griechisch. Millionen Griechen lebten bis 1923 am Schwarzen Meer und rund um das kleinasiatische Smyrna, dem heutigen Izmir. Im Macht- und Kulturzentrum des Osmanischen Reiches, in Istanbul (die Griechen nennen es bis heute Konstantinopel), hatte sich seit dem 16. Jahrhundert eine internationale Küche etabliert, die sich aus arabischen, walachischen, moldawischen, serbischen, bulgarischen, griechischen sowie türkischen, aber auch französischen Elementen zusammensetzte. Die Gerichte erhielten ihre Namen selbstverständlich von der dominierenden türkischen Sprache. Diese Begriffe blieben nach der Befreiung Griechenlands vielfach erhalten. Sie fanden auch Eingang in Gegenden, die wie die Ionischen Inseln nie unter türkischer Herrschaft standen. Die Griechen im türkischen Trabzon (griechisch Trapezunt) haben sicher nicht viel anders gegessen als ihre türkischen Mitbürger. Und die Türken im kretischen Chaniá haben damals auch nicht anders gekocht, als die dort ansässigen griechischen Kreter.

Regionale Besonderheiten der griechischen Küche sind oft nicht auf den ersten Blick zu erkennen, trotzdem gibt es solche Spezialitäten. Sie befinden sich in den letzten Jahren sogar wieder im Aufwind, weil die Menschen sich dessen bewusst geworden sind, dass zur kulturellen Identität auch die Ernährung und die damit verbundenen Speisen und Bräuche gehören.

Feste feiern

Fröhlich und üppig

Beim Feiern von Festen kommt die Reichhaltigkeit der griechischen Küche am besten zum Ausdruck. Da stehen die Hausfrauen den ganzen Tag in der Küche und sorgen dafür, dass für die Familie, aber auch für die angemeldeten und überraschenden Besucher – die oft überwiegen – genügend auf den Tisch kommt. Jeder legt seinen ganzen Ehrgeiz hinein, großzügig zu erscheinen. Da geht es nicht nur um die reine Menge, sondern vor allem um die Vielfalt und natürlich um die Qualität der Speisen. Jahreszeitliche und familiäre Feste geben reichlich Anlass, die oft jahrhundertealten Bräuche zu pflegen.

Das Jahr beginnt kulinarisch mit der *vassilópitta*, dem runden Neujahrskuchen aus Hefe- oder Rührteig, in dem eine Münze versteckt ist. Der Kuchen wird am 1. Januar angeschnitten. Wer die Münze in seinem Stück findet, ist im kommenden Jahr mit besonderem Glück gesegnet. Auf der Insel Ikaria stehen Anfang des Jahres an zwei Tagen alle Häuser offen für die Nachbarn. Am ersten Tag kochen die Frauen, und die Männer gehen von Haus zu Haus. Am zweiten Tag dürfen die Frauen ihre Besuche machen und die Männer sorgen für die Verpflegung – hoffend, dass vom Vortag noch etwas übrig geblieben ist. Wer an diesem Brauch teilnimmt, macht damit auch kund, dass er die Streitigkeiten, die er im vergangenen Jahr mit dem Nachbarn hatte, begraben will.

Die Fastenzeit der orthodoxen Kirche beginnt an einem Montag (Katharí Deftéra), sechs Wochen vor Ostern. Das ist auch gleichzeitig der letzte Tag des Karnevals. In ganz Griechenland feiert man da mit typischen Fastenspeisen: alle Arten von Muscheln, Austern, Oktopus, *taramosaláta*, Frühlingszwiebeln, *toursiá* (in Essig eingelegtes Gemüse), *fáva* und Saubohnen. Dazu gibt es ungesäuertes Fladenbrot, aber auch das süße *baklavás* und jede Menge Wein. Fleisch, auch Fisch, Eier, Käse und Butter fehlen während der gesamten Fastenzeit, die immer noch von einem großen Teil der Bevölkerung eingehalten wird. Während der Karwoche wird das Fasten noch strenger, jetzt isst man nur noch Oliven, makedonischen *halvás*, *chórta* (einen Salat aus Wildkräutern) und ohne Öl gekochte Hülsenfrüchte.

Der Höhepunkt des Jahres ist für ganz Griechenland das Osterfest. Aus den Innereien frisch geschlachteter Lämmer wird *majirítsa*, die Ostersuppe, zubereitet. Es ist eine der Köstlichkeiten, die unmittelbar nach der Auferstehungsfeier am Karsamstag serviert wird, wenn die Kirchgänger das heilige Licht mit der brennenden Osterkerze heil nach Hause gebracht haben. Am Ostersonntag durchzieht schon früh der Wohlgeruch des über Holzkohlenfeuer gebratenen Fleisches fast alle Dörfer und Städte. Die Männer sitzen vor dem Feuer und drehen mehrere

Original Griechische Küche

Stunden den Spieß. Sie sprechen dabei schon dem jungen Wein zu, während die Frauen in den Küchen die vielfältigen Begleitspeisen und Salate anrichten. Damit der Wein nicht vorzeitig seine Wirkung tut, wird schon vorher *kokorétsi* serviert. Dies ist ein aus Leber, Milz, Nieren und Gedärm des Lamms kunstvoll gebundener Spieß, der neben dem Fleisch schmort und rechtzeitig gar ist, um als Vorspeise zu dienen. Um die Mittagszeit wird dann das Lamm angeschnitten und kommt mit den restlichen Speisen auf den Tisch. Danach ist die Gesellschaft reif für die Tänze, an denen auch die Kinder teilnehmen. Zum Osterfest gehören auch Ostereier, die in Griechenland grundsätzlich nur rot gefärbt werden. Sie müssen im Überfluss vorhanden sein, damit jeder mit jedem einmal anstoßen kann. Es gibt am Ostersonntag keine Fernsehsendung, die nicht den Präsidenten des Landes, den Premierminister, die Parteivorsitzenden oder Minister zeigt, wie sie mit Soldaten, Feuerwehrleuten oder Busfahrern, die an Ostern ihren Dienst verrichten, die roten Eier anstoßen.

Weihnachten hat erst in den letzten vierzig Jahren in Griechenland seine auch kommerzielle Bedeutung erlangt. Die Feiern ziehen sich bis zum Neujahrsfest hin. Erst dann werden die Geschenke ausgetauscht. Traditionell wurden Weihnachten ein oder zwei Hühner in den Topf gegeben, in vielen Gegenden auch ein Schwein geschlachtet, welches vom Kopf bis zu den Beinen vollständig verwertet wurde. Besonders beliebt sind auch heute noch die köstlichen Honig- und Nussplätzchen (*melomakárona* und *kourabiédes*), die man inzwischen fast ausschließlich vom Zuckerbäcker bezieht.

Unabhängig von den großen Kirchenfesten suchen Griechen immer wieder Anlässe, mit besonderen Speisen und Getränken zu feiern. Der Namenstag einer Person hat immer noch Vorrang vor dem Geburtstag. An den Festen der heiligen Dimítrios, Ioánnis, Maria, Konstantinos und Eleni entstehen in Athen und Thessaloníki regelmäßig bis in die frühen Nachtstunden hinein Verkehrsstaus, weil fast jeder einen Freund oder Bekannten dieses Namens kennt und sich zu einem Gratulationsbesuch bei ihm aufmacht. Wer gleich drei Freundinnen oder Verwandte dieses Namens hat, macht dann eben drei Besuche hintereinander. In den Konditoreien entstehen an diesen Tagen riesige Warteschlangen, weil man stets zu einem solchen Besuch ein Gastgeschenk mitbringt: eine süße cremige Torte, *kataífi*, ein Gebäck, bei dem eine Nusshonigfüllung von dünnen knusprigen Fäden umschlossen wird, *baklavás* oder *galaktoboúreko*, beides Blätterteiggebäck mit Nuss- bw. Milchcremefüllung. Zu Hochzeiten und Taufen wird nach wie vor jedem Gast beim Verlassen der Kirche das *kouféto* überreicht. Dies ist ein Bündel aus weißem Tüll, in dem mit Zuckerguss überzogene Mandeln enthalten sind. Manche Mutter bereitet einen Kuchen zu, wenn ihre Tochter die erste Periode hat. Als 1974 die Militärjunta gestürzt wurde, haben Frauen vor Freude einen „Baklavás der Demokratie" zubereitet. Auch der Tod eines Menschen wird mit einer Süßspeise betrauert. *Kólyva* heißt das aus gekeimten Weizenkörnern hergestellte und mit verschiedenen Gewürzen kunstvoll verzierte Gericht. Jeder der Trauergemeinde erhält davon eine Portion, die mit einem Schluck Cognac verzehrt wird.

Original Griechische Küche

Typische Zutaten

Olivenöl

Tássos Splinákis, unser kretischer Freund aus Chaniá, trägt immer ein Fläschchen kalt gepresstes Olivenöl mit sich. Daraus entnimmt er einige Tropfen, wenn ihm der Salat im Restaurant nicht schmeckt, aber auch, um sich die Haut einzureiben, wenn sie zu trocken oder wundgescheuert ist. Oder er nimmt einfach einen Schluck, wenn ihm der Magen Kummer bereitet. Damit befindet sich Tássos in der mehr als 2000 Jahre alten Tradition seines Landes, Olivenöl als Allzweckmittel zu verwenden.

In der antiken Welt war Olivenöl nicht in erster Linie wegen seines Geschmacks und seiner Nützlichkeit in der Küche gefragt. Die edle Substanz diente vielmehr verschiedenen Bedürfnissen des Menschen: als Duftöl für die Körperpflege, als Brennstoff für die Beleuchtung ihrer Häuser, als Arzneimittel und als Heiliges Öl bei der Verehrung der Götter. Auch magische Wirkung wurde dem Öl zugeschrieben. Die olympischen Athleten präparierten ihre Körper mit kostbarem Olivenöl, der Arzt Hypokrates ließ mehr als 60 heilende und schmerzstillende Salben aus Olivenöl mischen und überlieferte sie der Nachwelt. Erst relativ spät tauchten Berichte auf, die Olivenöl als Nahrungsmittel aufführen.

So hat Olivenöl das Entstehen unserer abendländischen Kultur von Anfang an als wichtiger Bestandteil begleitet. Die Ölbäume waren im Altertum durch Gesetze geschützt, wie sie heutige grüne Politiker nicht strenger verlangen könnten. Die Römer bauten Spezialschiffe für den Transport des wertvollen Handelsgutes Olivenöl. Die Amphoren waren nach Herkunft mit dem Namen des Produzenten und dem Datum der Ernte beschriftet. Verbraucherschutz vor 2000 Jahren!

Dass in jüngerer Zeit solche Sorgfalt nicht immer in größerem Ausmaß eingehalten wurde, hat dem Olivenöl aus Griechenland zeitweise einen schlechten Ruf eingebracht. Zu Unrecht! Unter Kennern gilt das Anbaugebiet im südlichen Peloponnes um Kalamáta herum als eines der besten überhaupt. Ebenso gehören einige Ölsorten von der Insel Kreta zu den Spitzenprodukten weltweit. Erst in jüngster Zeit haben sich die Bauern einzelner Regionen zu Kooperativen zusammengetan und bemühen sich um biologischen Landbau. Ihre Oliven werden nach neuesten Verfahren verarbeitet, die aber der Tradition verpflichtet bleiben. So wird heute in Griechenland „natives Olivenöl extra" – diese Bezeichnung schreibt die Europäische Union als Gütezeichen vor – in hervorragender Qualität mit feinen Geschmacksnuancen erzeugt, wie sie in anderen Länder nur zu viel höheren Preisen angeboten werden.

Original Griechische Küche

Natives Olivenöl extra (éxtra parthéno eleólado) muss kalt, d. h. unter 40 °C gepresst sein, darf mit keinerlei chemischen Stoffen behandelt werden und enthält nicht mehr als 1 Prozent Ölsäure (freie Fettsäuren). Dass es sich dabei um die erste Pressung handelt, ist selbstverständlich. Bei dieser Qualitätskennzeichnung ist die Geschmacksrichtung nicht enthalten. Die wird je nach Olivensorte und deren Reifegrad als „zart", „mild fruchtig", „würzig", „mit Zitronenaroma", „mit pikanter Note" oder „mit zartem Mandelgeschmack" bezeichnet.

Aroma und Geschmack sind nicht nur vom Anbaugebiet, sondern auch vom Zeitpunkt der Ernte und von der Art der Oliven abhängig. Das beste Öl geben in Griechenland die kleinsten Oliven mit dem Namen *koronéiki* oder *vasilikí*. Sie werden geerntet, wenn sie sich ab Mitte November von grün zu blau hin verfärben.

Ohne Olivenöl wäre die griechische Küche undenkbar. Mehr als 90 Prozent aller Gerichte werden damit zubereitet. Nur selten verwendet die griechische Hausfrau andere pflanzliche Öle oder Butter, bzw. Margarine. Der Duft des Öls wird nicht erst beim Kochen bemerkbar. Auch die Häuser und Wohnungen verkünden dem Besucher durch ihren Geruch: Hier wird mit nativem Olivenöl gekocht. Der Pro-Kopf-Verbrauch liegt in Griechenland bei ca. 20 Litern jährlich. Mit Olivenöl wird beinahe alles gekocht, gebraten, gegrillt und gebacken. Und kein Salat verzichtet auf den unvergleichlichen Geschmack, den ihm Oivenöl verleiht! Viele Hausfrauen haben gleich mehrere Sorten davon in ihrer Küche stehen: Neben den preiswerteren, aber durchaus qualitativ hochwertigen, zum Braten und Grillen das besonders milde Olivenöl mit würzigem Aroma, das man beim letzten Ferienaufenthalt direkt vom Bauern aus der Mani, der olivenreichen Halbinsel im Süden des Peloponnes, oder aus Kreta mitgebracht hat.

Selbstverständlich stehen daneben auch mehrere Gläser mit eingemachten Oliven der verschiedensten Art: sowohl die milden grünen in Essig eingelegten als auch die verschrumpelten schwarzen und die pflaumengroßen säuerlichen aus Kalamáta. Fast zu jeder Mahlzeit werden einige davon entnommen für den Salat oder als *mesés*. Bei vielen Griechen besteht schon das Frühstück aus einem Stück Brot, etwas Käse und einigen Oliven.

Was haben die Griechen – außer einer besonders schmackhaften Küche – noch von ihrem hohen Konsum an Olivenöl? Sie leben länger als die Nordeuropäer oder gar die Amerikaner. Wissenschaftler fanden heraus, dass Olivenöl in Verbindung mit einer ballaststoffreichen Ernährung das Risiko für Herz-Kreislauf-Erkrankungen senkt. Verantwortlich dafür ist der hohe Gehalt an ungesättigten Fettsäuren und Antioxidantien. Aber auch vor Krebs scheint Olivenöl zu schützen: Amerikanische und europäische Forscher haben jedenfalls herausgefunden, dass Darm- und Brusttumore in Gegenden mit hohem Olivenölkonsum seltener sind. Auch Hautkrebstherapien mit Olivenextrakten haben beispielsweise in Japan eine hohe Erfolgsquote.

Das Auge des Fremden entzückt jedoch zu allererst der überwältigende Anblick der endlosen Olivenhaine im Tal von Delphi, auf dem Peloponnes oder auf der kretischen Hochebene. Jedes der oft jahrhundertealten immergrünen und beinahe unsterblichen Baumdenkmäler bietet dem Betrachter einmaligen visuellen Genuss. Der Ölzweig schließlich ist seit der Arche Noah bis heute Symbol des Lebens und des Friedens geblieben. Die Stadt Athen wirbt mit einem solchen Zweig für die Olympischen Spiele im Jahr 2004.

Käse – artenreich und schmackhaft

Sie kennen ihn sicher: den weißen, zuweilen bröckeligen Schafskäse, der, mit Oregano bestreut, dem griechischen Bauernsalat beigegeben wird. Er trägt den Namen Feta und schwimmt bis zur Verwendung in einer Flüssigkeit, die aus Salzlake besteht. Er wird in Kanistern gelagert und in großen Stücken zum Verkauf angeboten.

Griechischer Käse war schon in der Antike bekannt, wie wir durch die Aufzeichnungen Homers wissen. In seinem Heldenepos Odyssee beschreibt er, wie der einäugige Zyklop Polyphem Käse zubereitet hat:

> *Alsdann ließ er zum Sitzen sich nieder und molk seine Schafe,*
> *Molk seine meckernden Ziegen und all dies ganz nach der Ordnung.*
> *Schließlich legte er dann einer jeden ihr Junges ans Euter.*
> *Aber die Hälfte der weißen Milch ließ gleich er gerinnen,*
> *Ballte sie dann und füllte sie ein in geflochtene Körbchen.*
>
> Homer: Odyssee, IX 243
> Übertragung von Anton Weiher, München 1961

Nach dieser Beschreibung entsteht auch heute noch ein beliebter Korbkäse auf der Insel Limnos, der Kalatháki Límnou.

Die Griechen sind wie die Franzosen wahre Weltmeister im Käseverzehr. Griechische Hausfrauen haben ständig verschiedene Käsesorten in ihren Kühlschränken, denn sehr viele Gerichte der griechischen Küche kommen ohne Käse nicht aus. Natürlich darf Käse auch nicht bei den Appetithäppchen zum Ouzo fehlen.

Praktisch jede Region bietet ihre eigenen Spezialitäten an und so wundert es nicht, dass das Käseangebot sehr reichhaltig ist. Nur drei der zwanzig in ihrer Herstellung durch die EU geschützten Sorten werden aus Kuhmilch hergestellt. Alle anderen werden aus Ziegen- und/oder Schafmilch gemacht. Weich- und Blauschimmelkäse gibt es überhaupt nicht. Im Allgemeinen unterscheidet man drei Gruppen von Käsesorten:

Weißer Frischkäse
Feta ist weich, salzig und weist kleine Löcher auf. Er wird aus Schafmilch oder einer Mischung aus Schaf- und Ziegenmilch hergestellt. Herkunft: Epirus, Makedonien, Thrakien, Zentralgriechenland.

Galotýri ist von quarkähnlicher, krümeliger Konsistenz in cremiger Masse, fettarm und mild. Er wird aus Schafmilch hergestellt, hat eine geringe Haltbarkeit und ähnelt dem Hüttenkäse. Herkunft: Epirus, Thessalien.

Manoúri ist ein weicher, cremiger Käse mit wenig oder ohne Salzgehalt in zylindrischer Form. Er wird aus Schaf- oder Ziegenmilch oder aus einem Gemisch von beiden hergestellt und in Gerichten wie z.B. *pittas* verarbeitet. Herkunft: Thessalien, West- und Zentralmakedonien.

Kalatháki Límnou ist ein kugelförmiger Käse mit dem Abdruck der Korbflechten auf seiner Oberfläche. Er ist relativ salzig und in guter Qualität ausschließlich aus Schafmilch hergestellt. Herkunft: Insel Limnos.

Mysíthra ist ein weißer säuerlicher Käse von körniger Konsistenz, der sehr hart trocknen kann; er wird dann gerieben und zum Kochen verwendet. Mysíthra wird aus Schaf- oder Ziegenmilch gefertigt. Herkunft: Kreta.

Original Griechische Küche

Hartkäse

Kefalotíri ist fester hellgelber Käse mit kleinen Löchern und einer festen Rinde, ziemlich salzig. Er wird häufig auch als **Kefalograviéra** angeboten. Durch die lange Reifezeit kann er ziemlich hart werden. Er wird aus Schafmilch mit bis zu 10 Prozent Ziegenmilch hergestellt. Herkunft: Westmakedonien und Epirus.

Kaséri ist ein halbfester Käse ohne Löcher, fettarm, hellgelb, in runden Laiben von 5 bis 8 Kilogramm. Aus Schafmilch oder mit 20 Prozent Ziegenmilch als Beimischung. Herkunft: Makedonien, Thessalien, Insel Lesbos.

Graviéra ist ein harter gelber Käse mit kleinen Löchern und harter Rinde, fettreich, aber salzarm aus pasteurisierter Schafmilch oder mit maximal 20 Prozent Ziegenmilchanteil. Herkunft: Kreta, Insel Naxos, Insel Lesbos, Umgebung von Agraphon. Seine Herstellung wurde erst im 19. Jahrhundert aus der Schweiz eingeführt, weshalb sich sein Name vom französischen Gruyère ableitet.

Ladotíri ist ein milder gelblicher Hartkäse, der in Olivenöl reift und daher seinen Namen hat. Er wird aus Schafmilch hergestellt. Herkunft: Insel Lesbos.

Metsovóne ist harter geräucherter Käse aus Kuhmilch im Wachsmantel, von der Form einer großen Zucchini und mit einem Bindfaden zum Aufhängen. Herkunft: Métsovo.

Pikante Käsesorten

Kopanistí ist ein fettarmer, gepfefferter Weißkäse, der sowohl aus Kuh- als auch aus Schaf- und Ziegenmilch hergestellt wird. Herkunft: Kykladeninseln.

Katzikíssio Metsóvou ist ein harter, sehr schmackhafter weißer Ziegenkäse, der mit Pfefferkörnern gewürzt ist. Herkunft: Métsovo.

Tomaten

Die griechische Küche ist undenkbar ohne Tomaten. An der Pflanze ausgereifte, sonnenverwöhnte Früchte in guter Qualität gibt es aber nur in den Sommermonaten. Früher haben griechische Hausfrauen ihr Tomatenmark selbst zubereitet und in Öl eingemacht. Für die Rezepte in diesem Buch können Sie jedoch die im Lebensmittelhandel angebotenen Produkte – ganze Tomaten in Konserven, Tomatenmark und passierte Tomaten – verwenden. Ausnahme: Der griechische Bauernsalat schmeckt nur dann wirklich gut, wenn die Tomaten ein entsprechendes Aroma haben – und das ist nur im Sommer der Fall.

Kräuter und Gewürze

Beim Würzen sind die griechischen Hausfrauen relativ sparsam. Ganz oben auf der Liste der verwendeten Kräuter steht Oregano, dann kommt Petersilie und etwas abgeschlagen landen Dill, Minze, Lorbeerblätter, Rosmarin und Thymian dahinter. Bei den Gewürzen dominiert Pfeffer, gefolgt von Nelken, Zimt, Muskatnuss und Piment. Sesam würzt viele typische Backwaren.

Original Griechische Küche

Griechische Getränke

Wein

Während des ganzen Altertums bis weit in das Byzantinische Reich hinein waren die Weine verschiedener Regionen Griechenlands sehr berühmt. Die alten Griechen verehrten Dionysos, den Gott des Weines, und hielten ihm zu Ehren jährlich ein großes Fest ab.

Heute fällt uns oft nur der Retsina ein, wenn von griechischen Weinen die Rede ist, ein verharzter, exotisch schmeckender Wein. Dabei ist Retsina eine Verlegenheitslösung. Als die griechischen Bauern während der Türkenherrschaft aus Steuergründen gezwungen waren, überreife und noch nicht ganz reife Trauben zusammen zu keltern, hat man dem Most etwas Pinienharz zugesetzt, um den Wein haltbarer zu machen. Daraus ist dann eine Gewohnheit geworden, die bis in die Siebzigerjahre des zwanzigsten Jahrhunderts anhielt. Erst in jüngster Zeit hat der Retsina-Verbrauch deutlich abgenommen.

Gepflegte, in Flaschen abgefüllte Weine gab es bis in die Achtzigerjahre des letzten Jahrhunderts nur in sehr beschränktem Umfang ... Das hatte mehrere Gründe: Nicht nur Kriege und die damit verbundenen Hungersnöte ließen die Anbauflächen für Weinreben zurückgehen.

Um 1900 verbreitete sich von Kleinasien kommend die Reblaus, die bis zur Mitte des Jahrhunderts zur Vernichtung fast sämtlicher Weinstöcke führte. Lediglich die westlichen Küstengebiete und einige Inseln wurden verschont. Als es wieder möglich war, Wein anzubauen, gab es so gut wie niemanden, der die Weinproduktion professionell betreiben wollte und konnte. Viele der Bauern waren ausgewandert in die Städte, nach Zentraleuropa, in die USA oder nach Australien. Der tägliche Schoppen Wein wurde durch das Bier verdrängt, das teurer war als der Wein und dadurch höheres Ansehen genoss. Die noch aktiven Bauern hielten sich allenfalls einen kleinen Weinberg für den Eigenbedarf. Als Griechenland sich der Europäischen Wirtschaftsgemeinschaft assoziierte, musste es die Bezeichnungen, wie sie schon in den großen Weinländern Frankreich und Italien üblich waren, übernehmen: Rebsorte, Herkunftsbezeichnung und Qualitätskriterien. Nun setzte eine Renaissance des Weinlandes Griechenland ein. Die alten Anbauflächen wurden mit neuen Rebstöcken bepflanzt. Junge Griechen gingen nach Frankreich und Deutschland, um moderne Keltermethoden zu erlernen. Auch vom Kaufmännischen her wurden neue Ansätze gewagt. Den griechischen Winzern wurde klar, dass sie es auf dem internationalen Markt schwer haben würden mit den üblichen Kreationen. So besann man sich auf den Anbau von alten griechischen Rebsorten. Sie tragen so exotische Namen wie Ajorjítiko, Mavrodáphni, Xinómavro, Rodítis, Moschophílero und Savatianó. Über 300 einheimische Rebsorten sind inzwischen wieder bekannt. So hat das Weinland Griechenland allmählich wieder an die antike Tradition angeschlossen. Beinahe in allen Regionen dieses geographisch und klimatisch so vielseitigen Landes gedeihen hervorragende Weine, die mit großer Sorgfalt gepflegt werden. Inzwischen erlangen griechische Winzer für ihre Weine auf internationalen Messen viele Auszeichnungen und Preise.

Hier sollen nur einige der interessantesten hervorgehoben werden:

Aus Neméa (auf dem Peloponnes nahe Korinth) kommt der **Ajorjítiko**, ein vollmundiger, trockener Rotwein. Nicht zu verwechseln mit der Weinmarke „Ajorítiko", die auch als Athoswein angeboten wird.
In Náoussa und Gouménissa (Makedonien) wird **Xinómavro** angebaut, ein trockener markanter Rotwein.
Aus der Gegend von Rapsáni und Tírnavos (Thessalien) stammen die Weine **Krassáto**, **Stavrotó** und der **Mávro Messenikóla**, leichte bekömmliche Rotweine, die aus mehreren Rebsorten gemischt werden.
Aus Korfu, Patras und Samos kommt der **Mavrodáphni**, ein süßer Likörwein, den es sowohl rot als auch weiß gibt.

16 | Original Griechische Küche

Der **Vertsámi**, ein fruchtiger, sehr dunkler Rotwein, wird in Kephalloniá, Kérkyra (Korfu) und Sákinthos (Ionische Inseln) angebaut.

Von Sitía (Kreta) kommen **Liátiko** und **Mantilaría**, zwei kräftige, fruchtige Rotweine.

Moschophílero, ein ansprechender und sehr bekömmlicher, nicht zu schwerer Weißwein oder Rosé stammt aus Mantinía vom Peloponnes.

Der kräftige weiße Tischwein **Savatianó** wird in Attika produziert.

Aus Dráma in Makedonien stammt der **Rodítis**, ein frischer, gefälliger Weißwein.

Asýrtiko, ein vollmundiger und fruchtiger Weißwein, den es auch als Likörwein gibt, wird auf Santoríni angebaut.

Aus Sítza (Epirus) kommt der **Depína**, ein leichter moussierender Weißwein.

Moscháto, eine sehr würzige Rebsorte, aus der vorzugsweise Weißwein gekeltert wird, kommt von den Ägäisinseln, aus Thessalien und vom Peloponnes.

Es lohnt sich, in Griechenland ein Auto zu mieten und entlang der Weinstraße der makedonischen Könige zu fahren, wo auch die archäologischen Stätten von Vergína liegen (Infos unter: www.wineroads.gr). In Náoussa gibt es sogar ein Weinmuseum.

Und versuchen Sie, am 1. Februar in Gouménissa zu sein, um das Weinfest zu Ehren des Heiligen Trýphonas, des Schutzheiligen der Winzer und des Weines, mit zu erleben. Er ist auf allen Ikonen mit einem gekrümmten Messer abgebildet, das speziell zum Beschneiden der Weinstöcke dient. Nach dem 1. Februar beginnen dann die Arbeiten in den Weinbergen. Der Heilige hat seine Fürsprache in den letzten Jahren offensichtlich sehr intensiv eingebracht, denn Griechenland ist wieder präsent auf den Weinkarten gehobenen Anspruchs.

Ouzo – aromatisch und appetitanregend

„Trinken wir zusammen einen kleinen Ouzo (*Na pioúme ena ousáki*)?" Diese Frage leitet nicht selten eine Freundschaft ein. Lassen Sie sich mit dieser Aufforderung in die gastronomischen Freuden Griechenlands hineinführen. *Ousáki* ist die Zärtlichkeitsform, mit der man den aromatischen und nach Anis schmeckenden Aperitif liebevoll bezeichnet. Der Ouzo wird in Griechenland immer mindestens mit Nüssen, meist aber mit schmackhaften Häppchen, den so genannten *mesédes* serviert. Und: Er wird in der Regel weder zu noch nach den Mahlzeiten getrunken. Die Zeit für Ouzo ist entweder der Mittag oder der frühe Abend. Er ist ein Aperitif und kein Digestif.

Der Ouzo verdankt seinen Namen einem Missverständnis. Die Schnapsbrenner der Ortschaft Tírnava am Fuße des Olymp lieferten im 19. Jahrhundert ihren aus Trester gebrannten Schnaps unter anderem auch in das französische Marseille, wo der Absinth zu Hause war. Auf Wunsch der Auftraggeber musste der Alkohol mit einem Aniskonzentrat vermischt werden. Um ihn zu kennzeichnen schrieb man auf Lateinisch mit Kreide auf die Fässer „uso Massalia" (zur Verwendung für Marseille). Als der im Auftrag der türkischen Steuerbehörde kontrollierende Arzt davon probierte, war er so begeistert, dass er fortan „Uso" (Massalia) verlangte. Der Name verbreitete sich in Windeseile und seitdem heißt dieses Getränk Ouzo (sprich: Úso). Wenn man Wasser in den Ouzo gießt, wird er milchig. Das hat mit den ätherischen Ölen zu tun, die

Original Griechische Küche

ihm zugesetzt werden, denn Ouzo besteht aus zwei Bestandteilen. Aus reinem Ethylalkohol, der aus Weintrauben gewonnen wird und einem Konzentrat aus Anis oder Mastix, meist in Verbindung mit verschiedenen Kräutern. Diese Essenz wird dem Alkohol erst nach dem Brand zugesetzt. Ouzo muss übrigens mindestens 38 Prozent Alkohol enthalten, da sonst die ätherischen Öle ausflocken und die trübe weiße Farbe bilden.

Tsípouro – rein und scharf

Wir waren den ganzen Tag durch das schon herbstlich anmutende Gebirgsland nördlich der Stadt Ioánnina nahe an der albanischen Grenze gewandert. Etwas außerhalb eines Dorfes stießen wir auf ein zeltartiges Gebilde, aus dem fröhlicher Lärm drang. Eine alte Frau guckte heraus, nahm uns wahr und winkte uns herein. Drinnen waren an die 25 Frauen und Männer aller Altersstufen versammelt. Einige hockten auf bunten Obstkisten aus Plastik, andere standen um einen provisorischen Tisch, der voll beladen war mit Speisen aller Art. Drei Männer hantierten an einem seltsamen Gerät, das aus einer alten Benzintonne mit einem bauchigen Aufbau aus Kupfer und einem trichterförmigen Kolben an der Seite bestand. Unter der Tonne loderte ein Holzfeuer. Aus einem Hahn tropfte eine farblose Flüssigkeit, die von einer Kanne aufgefangen wurde und der die ganze Aufmerksamkeit der Gesellschaft galt. Wir waren in ein *kasánisma* oder *rakísio* geraten, ein Ritual, das dem Brennen des Tresterschnapses gilt. Entsprechend gibt es in Italien den Grappa und in Frankreich den Marc. In Griechenland heißt das Getränk Tsípouro, Rakí oder Tsigoudiá. Es wird aus den bei der Weinkelterung anfallenden Rückständen (Schalen und Stiele der Trauben), dem Trester, gebrannt. Bis 1988 erhielten nur kleine Weinbauern für wenige Tage im Jahr das Brennrecht. Sie durften diesen Schnaps aber nicht in Flaschen abfüllen und verkaufen. So ist es zu erklären, weshalb man bis heute in einschlägigen Spirituosengeschäften nur von ganz wenigen Herstellern abgefüllten Tsípouro erhält. Andererseits bekommt man beinahe in jeder Kneipe offenen Tsípouro vorgesetzt, der je nach Herkunft ganz unterschiedliche Geschmacksnuancen enthält. Im Gegensatz zum Ouzo werden dem Tsípouro nach dem Brennen keine weiteren Essenzen zugesetzt. Wenn er aber bisweilen doch nach Anis oder anderen Gewürzen schmeckt, liegt das daran, dass der Maische vor dem Brand verschiedene Kräuter und Geschmacksstoffe zugegeben werden. Jeder

Bauer hat da seine Geheimrezepte. Wegen seiner Reinheit hat Tsípouro im Gegensatz zum Ouzo auch bei größerem Konsum keine negativen Auswirkungen auf den Kopf des Genießers.

Große Meister im Brennen von Tsípouro sind die Mönche der Klosterrepublik Athos auf der östlichen Chalkídiki. Wenn der erschöpfte Wanderer um Einlass in eines der Klöster bittet, wird er mit einer Tasse Kaffee, einem *loukoúmi* (süßes Geleestück) und einem Glas Tsípouro wieder aufgerichtet. Die Kombination aus Koffein, Zucker und Alkohol zeigt sofortige Wirkung und ist außerdem ein unvergessliches geschmackliches Erlebnis.

Kaffee

Früher hieß er überall in Griechenland „türkischer" Kaffee. Etwa um das Jahr 1965, als es wieder einmal Ärger mit den Türken gab, entschlossen sich die Griechen ihn „griechischen" Kaffee zu nennen. Also Vorsicht! Es kann sein, dass man Ärger mit dem Kellner bekommt, wenn man „türkischen" Kaffee bestellt. Dabei handelt es sich um eine Form der Kaffeezubereitung, wie sie heute noch überall innerhalb der Grenzen des ehemaligen Osmanischen Reiches üblich ist, wenn auch der Geschmack oft differiert, besonders wenn – wie in einigen arabischen Regionen – Koriander oder Kardamon dem Kaffee zugegeben werden. Griechischer Kaffee ist ziemlich hell und wird ganz fein gemahlen. Zur Zubereitung benötigt man ein Kännchen mit engem Hals und langem Stiel, das so genannte *bríki*. Beim Bestellen gibt man auch gleich die Zuckermenge an, mit der man den Kaffee trinkt: *skéto* = ohne Zucker, *métrio* = mittelsüß, *varí glikó* = sehr süss. Der mittelsüsse Kaffee besteht aus einem gehäuften Teelöffel Kaffee, einem gestrichenen Teelöffel Zucker und der Menge Wasser, die in eine Tasse passt. Vor dem Kochen werden die drei Zutaten in dem Kännchen solange umgerührt, bis Zucker und Kaffee sich völlig aufgelöst haben. Dann setzt man das Kännchen auf die Flamme und lässt den Kaffee einmal so aufkochen, dass er über die Halsenge des Kännchens hochkommt. Anschließend wird er sofort in die Tasse gegossen. Der griechische Kaffeetrinker legt großen Wert auf die Schaumhaube auf der Oberfläche. Der Kaffee wird grundsätzlich mit einem Glas Wasser serviert.

Eine Neuheit haben die Griechen in die Kaffeekultur gebracht, den Frappé, der allerdings auf Griechenland beschränkt bleibt: Dafür gibt man einen Löffel gefriergetrockneten Kaffee in ein hohes Glas, Zucker nach Geschmack und gießt eisgekühltes Wasser oder auch Milch darüber. Mit einem extra dafür entwickelten Rührstab bringt man das Ganze zum Schäumen. An einem heißen Tag kann dieses Getränk recht erfrischend schmecken.

Original Griechische Küche

Wo verzehrt man was?

Kafeníon

Das Kafeníon ist traditionell der Ort, an dem sich die Männer treffen, um ihre Angelegenheiten zu besprechen oder eine Runde *tavli* zu spielen. Dort serviert man griechischen Kaffee, Frappé, Erfrischungsgetränke, *glíkó tou koutalioú* (kandierte Früchte in Sirup) und manchmal auch ein Glas Ouzo. Das klassische Kafeníon stirbt langsam aus, weil auf diese Weise kein Wirt auf seine Kosten kommt. Deshalb haben viele Gemeinden die Kafeníons übernommen, damit die älteren Leute nicht auf ihren gewohnten Treffpunkt verzichten müssen.

Restaurant – Estiatório

Früher waren Restaurants nur zur Mittagszeit geöffnet, da sie eher die Funktion von Kantinen für die Beamten und Lehrer hatten, die sich ohne Familie in der Stadt aufhielten. Es waren ursprünglich Garküchen, in denen man einfache vorgekochte Speisen bekam. Auch heute wird man oft noch vom Wirt in die Küche geführt, wo man die Speisen auswählen kann. So etwas wie ein Menü kennt man in Griechenland nicht. Der Gast wählt selbst aus, was er essen will. In ein Restaurant zu gehen und nur einen Wein zu bestellen, ist nicht üblich. Erst seit viele Griechen ihr eigenes Land als Touristen bereisen, haben die Restaurants an Bedeutung und Vielseitigkeit gewonnen und sind auch oft abends geöffnet. Auch an touristischen Orten findet man heute Restaurants, die sich durch hervorragende Hausmannskost auszeichnen. Sie sind jedoch selten am zentralen Platz zu finden, und mittags werden sie vor allem von Einheimischen aufgesucht.

Psistariá oder Tavérna

Tavernen dienen in Griechenland ausschließlich dem Abendvergnügen. Man besucht sie in Gesellschaft von Freunden oder Verwandten, um gemeinsam etwas Gegrilltes zu essen und dazu Wein zu trinken. Die Tavernen heißen auch *psistariá*, was soviel wie Grill bedeutet. Es gibt praktisch keine Taverne ohne einen Holzkohlengrill, die Mikrowelle ist hier noch weitgehend unbekannt.

Während man auf das frisch gegrillte Lammfleisch, die Lammrippchen, die *souvláki*-Spieße oder den *giros* wartet, bestellt man *mesédes*, die abwechslungsreichen Appetithappen, damit man den schnell servierten Fasswein nicht ohne Unterlage trinken muss. Oft befinden sich gleich mehrere Tavernen nebeneinander an den Ausfallstraßen der Städte oder in den Ausflugsorten.

Original Griechische Küche

Tsipourádiko, Ouzerí oder Mesedopolío

In diesen kleinen Kneipen kann man mittags oder abends eine Kleinigkeit, also *mesédes* ohne ein Hauptgericht zu sich nehmen, und dazu trinkt man Ouzo oder Tsípouro. Die Kneipen sind meist im Hafenbereich, aber auch in den Stadtzentren und vor allem in der Nähe der Märkte zu finden. Berühmt sind die *tsipourádika* in Vólos. Nach der Aussiedlung der Griechen aus Kleinasien landeten nicht wenige von ihnen in den Werften und Lagerhäusern von Vólos. Nach der Arbeit traf man sich in den Kneipen rund um den Hafen, um einen Kaffee oder einen Tsípouro zu trinken. Bald lernten die Kneipiers den aus dem weltläufigen Smyrna kommenden Emmigranten auch entsprechende Spezialitäten – etwa Kraken und Tintenfische, Muscheln, Austern, Seeschnecken oder kleine Stintfischchen – auf kleinen Tellern zu servieren. Diese Tradition hat sich bis heute gehalten.

Souvlatzídiko

Dies ist die griechische Variante der „Fast Food"-Bewegung. *Souvláki* sind ursprünglich Fleischspießchen mit Schweine- oder Lammfleisch, die zusammen mit Zwiebeln, Tomate und Joghurt in ein Fladenbrot eingewickelt serviert werden. Viele Wirte gehen heute den bequemeren Weg und schneiden einfach das Schweinefleisch vom sich immerwährend drehenden fertigen *giros*.

Konditorei (Sacharoplastío)

Griechische Zuckerbäckereien zeichnen sich vor allem durch ihre kalorienhaltigen Produkte aus. Creme, Butter, Mehl, Honig, Nüsse, Zucker und Schokolade sind die Grundmaterialien, aus denen die Mitbringsel für Feste zubereitet werden. Viele Nachtschwärmer landen in einer Konditorei, wenn sie im Sommer spät aus einer Taverne kommen und der warme Abend noch nicht zum Schlafen einlädt. Tavernen bieten nur selten Süßes zum Abschluss des Essens an und der Ortswechsel macht Spaß.

Patsatsídiko

Wer in der Taverne nicht nur satt geworden ist, sondern auch zuviel Wein erwischt hat, kann sich seinen Magen durch einen Teller *patsás* (Kuttelsuppe) wieder einrenken lassen. Die wenigen *patsatsídikos* in den größeren Städten haben die ganze Nacht geöffnet, denn ihre Kunden kommen meist erst im Morgengrauen.

Cafetéria

Darunter versteht man Cafés im internationalen Sinn, wie sie in den vergangenen 10 Jahren in großer Anzahl in den Städten entstanden sind. Dort kann man inzwischen auch Filterkaffee und Espresso bestellen. In Cafetérias werden auch einfache Speisen wie Toasts, Omeletts und Salate angeboten. Diese Lokale sind vor allem bei jungen Griechen beliebt und werden gern von Touristen besucht.

Original Griechische Küche

Μεζέδες και σαλάτες
Mesédes und Salate
Mesédes ke salátes

Wie fast im ganzen östlichen Mittelmeerraum beginnt auch in Griechenland ein Essen immer mit *mesédes* oder *orektiká*. Gemeint sind kleine Mengen verschiedener warmer oder kalter Gerichte, die stets alle zusammen als Appetithappen auf den Tisch kommen. Sie werden auf kleinen Tellern serviert und jeder am Tisch greift zu. Wie viele davon angeboten werden, hängt von der Großzügigkeit des Gastgebers ab. Frisches Weißbrot in großen Mengen ist auf jeden Fall immer dabei.

So war es auch an einem warmen Maiabend, als uns unsere Wirtin Smaragda im makedonischen Bergdorf Arnea einige *mesédes* vorsetzte: Rote Paprikaschoten in Marinade, eine Art Kartoffelsalat und einige kleine Gurkenstückchen mit einem Schuss Essig darüber, Radieschen, Rote Bete mit Knoblauchpaste und dazu einen in der Pfanne ge-

backenen Klippfisch. Natürlich stand auch ein Korb mit frischem Brot und ein Teller mit Feta auf dem Tisch. Eine typische Auswahl, scheinbar zufällig zusammengestellt. Ausschlaggebend für den Genuss waren die zum Teil in Essig angemachten kalten Appetithappen, die im Gegensatz zum gebackenen Fisch standen. Dazu bestellten wir einen leichten weißen Athoswein.

Mesédes und *orektiká* sind jedoch nicht nur Auftakt eines guten Essens, sie werden auch zum Aperitif angeboten. Denn eine Regel gilt in Griechenland immer: Man trinkt niemals Alkohol auf leeren Magen. Selbst der geizigste Wirt bringt zum Ouzo ein Tellerchen mit Gurkenstücken und einigen Käsehäppchen. Die Griechen sagen, dass für den Genuss von Alkohol sowohl *mesédes* als auch eine gute Gesellschaft unerlässliche Voraussetzungen sind. Wenn es nicht beides gleichzeitig gibt, belebt das Getränk weder Herz noch Hirn, sondern geht in die Beine …

Die Mengenangaben der folgenden Rezepte sind für jeweils vier Personen berechnet, wenn vier bis fünf verschiedene *mesédes* als Vorspeise angeboten werden. Wer gern mehr Appetithäppchen auftischen möchte, reduziert einfach die Mengen in den Rezepten entsprechend.

Mesédes und Salate

Feta mit Knoblauch
Féta me skórdo

Feta, der in Salzlake eingelegte Frischkäse, wird traditionell aus Schafmilch hergestellt. Es gibt ihn in verschiedenen Konsistenzen, mal ist er etwas härter, mal sämiger, mal bröckelig. Dies hängt mit dem Futterangebot der Tiere zusammen, das je nach Region und Vegetation sowie der Jahreszeit unterschiedlich ist.

1 Den Feta mit einer Gabel zerdrücken. Den Knoblauch abziehen und in einem Mörser zerreiben oder durch eine Knoblauchpresse drücken. Käse und Knoblauch vermischen.
2 Das Öl nach und nach unter die Käse-Knoblauch-Mischung arbeiten (nach Belieben auch in einem Mixer) und die Paste mit Oregano würzen.
3 Dazu frisches Weißbrot servieren.

Für 4 Portionen

¼ kg Feta
2 Knoblauchzehen
3-4 EL Olivenöl
½ TL Oregano

Tsatsiki
Tsatsíki

Tsatsíki ist die wohl bekannteste griechische Vorspeise, obwohl der Name auf türkische Herkunft hinweist. Zwar kann man *tsatsíki* fertig kaufen, doch frisch zubereitet schmeckt es einfach unwiderstehlich. Am besten ist natürlich, wenn Sie den festen griechischen Joghurt aus Kuhmilch finden, der in Griechenland die Bezeichnungen *strimenno*, *strangisto* oder *sakkoulas* trägt. *Tsatsíki* passt zu Grillfleisch sowie zu gebackenen Zucchini und Auberginen (Rezept siehe Seite 26) und schmeckt auch einfach nur mit Weißbrot.

1 Die Gurke schälen, in ein Sieb sehr fein reiben, leicht salzen und etwa 10 Minuten abtropfen lassen.
2 Inzwischen den Knoblauch abziehen und in einem Mörser zerreiben oder durch eine Knoblauchpresse drücken. Den Joghurt in eine Schüssel geben.
3 Die nassen Gurkenraspel kräftig mit der Hand ausdrücken, um möglichst viel Flüssigkeit abtropfen zu lassen.
4 Die Gurkenraspel mit dem Knoblauch unter den Joghurt mischen. Den Essig und das Öl in dünnem Strahl einlaufen lassen und dabei ständig umrühren.
5 Je nach Geschmack Petersilie, Minze oder Dill waschen, die Blätter abzupfen, zum Teil klein hacken und unter die Masse rühren. Tsatsiki glatt streichen und für mindestens 15 Minuten in den Kühlschrank stellen.
6 Vor dem Servieren das Tsatsiki mit den restlichen Petersilie-, Minze- oder Dillblättern und einigen Oliven garnieren.

Für 4-6 Portionen

1 kleine Salatgurke
½ TL Salz
3 Knoblauchzehen
½ kg fester griechischer Joghurt
1 EL Essig
2-3 EL Olivenöl
½ Bund Petersilie, Minze oder Dill
einige schwarze Oliven

Mesédes und Salate

Käsesaganaki

Saganáki tirí

Saganáki ist ursprünglich die Bezeichnung für eine kleine Pfanne oder Kasserolle aus Kupfer oder Weißblech mit zwei Henkelgriffen, in der bevorzugt Käse, Eier, Garnelen oder Muscheln ausgebacken werden. Inzwischen heißen in der griechischen Küche alle in dieser Pfanne zubereiteten Gerichte *saganáki*. Sehr beliebt ist das Käsesaganaki, da es mit ganz wenigen Handgriffen schnell gelingt. In Ouzerias die etwas auf sich halten, wird *saganáki* immer heiß im Pfännchen serviert.

Für 4 Portionen

3 EL Mehl
Salz, Pfeffer
5 EL Olivenöl
1 EL Butter
4 fingerdicke Scheiben
Kefalotiri à 50-70 g
(alternativ Pecorino)
2 EL Zitronensaft

1 Das Mehl mit etwas Salz und Pfeffer auf einem Teller mischen. Olivenöl und Butter in einer kleinen Pfanne bei mittlerer Hitze zerlassen. Inzwischen die Käsescheiben kurz mit Wasser abspülen und im gewürzten Mehl wenden.

2 Die Käsescheiben im heißen Fett auf beiden Seiten goldgelb braten.

3 Etwas Zitronensaft über den Käse träufeln und sofort heiß servieren.

Gebackene Auberginen und Zucchini

Kolokithákia ke melitsánes tiganités

Kaum eine griechische Taverne im In- und Ausland verzichtet auf dieses *mesé*. Die ausgebackenen heißen Scheiben tunkt man in *tsatsíki* (siehe Seite 25) ein. Dazu empfiehlt sich ein Tsípouro aus dem Epirus, der dem Grappa ziemlich nahe kommt.

Für 4 Portionen

1 mittelgroße Aubergine
Salz
3 kleine Zucchini
100 g Mehl
Pfeffer
Öl zum Ausbacken

1 Die Aubergine waschen, putzen und in 5 Millimeter dicke Scheiben schneiden. Kräftig salzen und 10 Minuten ruhen lassen. Kalt abwaschen und mit der Hand ausdrücken.

2 Die Zucchini waschen, putzen und in 8 Millimeter dicke Scheiben schneiden.

3 Das Mehl salzen und pfeffern. Reichlich Öl in einer Pfanne erhitzen. Die Gemüsescheiben kurz in kaltes Wasser tauchen, mit dem Mehl bestäuben und im siedenden Öl beidseitig ausbacken, bis sie ganz knusprig sind. Auf Küchenpapier abtropfen lassen.

Mesédes und Salate

Käsepuffer
Tirokephtedákia

Für 4 Portionen

¼ kg Kefalotiri oder Gravíera (alternativ Parmesan oder Gruyère)
3-5 Stängel Petersilie
2 Eier, Pfeffer
1-2 EL Semmelbrösel
Öl zum Ausbacken

1 Den Käse auf einer Reibe grob raspeln.
2 Die Petersilie waschen, die Blätter von den groben Stängeln zupfen und sehr fein hacken oder wiegen.
3 In einer Schüssel die Eier verrühren. Die Petersilie und den Käse zugeben und gut untermischen. Nur mit Pfeffer würzen, da der Käse schon genug Salz mit einbringt.
4 So viel Semmelbrösel unter die Masse arbeiten, dass ein formbarer Teig entsteht.
5 Mit einen Esslöffel Teig entnehmen und zu kleinen Frikadellen formen.
6 Reichlich Öl in einer Pfanne erhitzen und die Käsepuffer darin von beiden Seiten goldbraun backen. Vor dem Servieren auf Küchenpapier etwas abtropfen lassen.

Knoblauchpaste
Skordaliá

Skordaliá zeichnet sich durch einen sehr intensiven Knoblauchgeschmack aus. Die Paste wird gerne zu gebackenem Klippfisch (siehe Seite 108), Katzenhai, Neunauge oder Rote Bete (siehe Seite 49) gegessen. Sie schmeckt auch allein zu Weißbrot ausgesprochen gut.

Für 4 Portionen

200 g altbackenes Weißbrot
150 g Walnusskerne
4-5 Knoblauchzehen
2 EL Zitronensaft
Salz, Pfeffer
3 EL Essig
12 EL Olivenöl

1 Das Brot entrinden, in einer Schüssel mit kaltem Wasser bedecken und 10 Minuten einweichen. Anschließend die Brotmasse gut ausdrücken und zerkleinern.
2 Die Walnüsse in einer Nussmühle zermahlen. Den Knoblauch abziehen und in einem Mörser zerdrücken oder durch eine Knoblauchpresse drücken.
3 Die Brotmasse, die Nüsse und den Knoblauch zusammen mit dem Zitronensaft, etwas Salz und Pfeffer kräftig durchmischen (nach Belieben in einem Mixer) und zu einer sämigen Paste verrühren.
4 Nach und nach den Essig und das Öl in dünnem Strahl einlaufen lassen, dabei entweder weiter schlagen oder den Mixer mit geringer Geschwindigkeit laufen lassen. Etwa 5 Minuten rühren, bis sich die flüssigen Zutaten vollständig mit der Masse vermischt haben.
5 Vor dem Servieren mindestens 1 Stunde im Kühlschrank durchziehen lassen.

Mesédes und Salate

Auberginen à la Maria
Melitsánes tis Marías

Auf Kreta darf der älteste Sohn einer Familie erst dann heiraten, wenn alle seine Schwestern unter die Haube gebracht sind. Daher findet man dort nicht wenige Männer im vorgerückten Alter, die noch unverheiratet sind.

Mitte September wanderten wir im Süden Kretas die Samariá-Schlucht hinunter nach Aghia Roumeli. Für die Jahreszeit war es ungewöhnlich heiß. Am späten Nachmittag erreichten wir endlich das Gasthaus am Meer. Ein kühles Bier löschte den größten Durst. Wir erzählten der Bedienung, dass wir die Familie Koutrounakis aus Chaniá kennen, von der wir wussten, dass sie oft in Aghia Roumeli waren. In diesem Moment ging eine Verwandlung in dieser Person vor, deren Ergebnis wir nie vergessen werden. Ohne dass wir etwas bestellt hatten, wurde uns eine Karaffe mit Tsigoudiá (Tresterschnaps) auf den Tisch gestellt und dazu gab es wie üblich verschiedene *mesédes*. Nun kam aus der Küche ein gewaltiger Kerl, zwischen dreißig und vierzig mit gezwirbeltem Schnurrbart, setzte sich an unseren Tisch, schenkte jedem ein Glas voll ein, prostete uns zu und sagte: „Ich bin der Antónis". Dann folgte ein Wortschwall in dem er erklärte, was er alles kann und was er besitzt. Zum Schluss rief er seine Mutter Maria, die uns eine Platte frisch gebackene Auberginen brachte. „Das hat sie extra für euch gemacht", sagte Antónis, und beim Abschied „Grüßt mir Vater Koutrounakis, ich erwarte seine Antwort". Des Rätsels Lösung erfuhren wir in Chaniá. Antónis hatte sich seit einiger Zeit um die 15-jährige Tochter Aspasia von Koutrounakis beworben. Für einen echten Kreter geht eine solche Bewerbung natürlich über den Vater.

Inzwischen ist Aspasia längst mit einem anderen verheiratet. Aber die Auberginen der Frau Maria haben wir nicht vergessen.

Für 4 Portionen

400 g Auberginen
4 EL Olivenöl
1 Zwiebel
1-2 Knoblauchzehen
1 Dose Tomaten
$\frac{1}{2}$ Bund Petersilie
1 Stängel Salbei
Salz
Cayennepfeffer
120 g Feta

1 Die Auberginen waschen, Stielansätze entfernen und das Fruchtfleisch in fingerdicke Scheiben schneiden. In eine Schüssel legen, mit kaltem Wasser bedecken und 1 Stunde einweichen. Aus dem Wasser heben und abtropfen lassen.

2 Den Backofen auf 180 °C vorheizen. Ein Backblech mit etwas Öl einstreichen, die Auberginenscheiben auflegen, einmal wenden, damit sie auf beiden Seiten mit Öl benetzt sind und 30 Minuten backen.

3 Inzwischen für die Tomatensauce die Zwiebel schälen und fein hacken. Den Knoblauch abziehen und klein hacken. Die Tomaten zerkleinern. Die Petersilie und den Salbei waschen, die Blätter von den Stängeln zupfen und fein wiegen. Die vorbereiteten Zutaten mit dem restlichen Öl vermischen und mit Salz und Cayennepfeffer würzen.

4 Den Käse mit einer Gabel zerdrücken oder in kleine Würfel schneiden.

5 Die Auberginenscheiben in eine feuerfeste Form legen, darauf den Feta verteilen und mit der Tomatensauce bedecken. Bei 200 °C im Backofen 20 Minuten backen.

6 Die Auberginen vor dem Servieren etwas abkühlen lassen.

Mesédes und Salate

Zucchinipuffer
Kolokithokeftédes

Wer das siebensilbige Wort *kolokithokeftédes* ohne Schwierigkeiten aussprechen kann, darf sich zu den fortgeschrittenen Kennern der griechischen Sprache rechnen. Zum Glück ist die Zubereitung dieses Zungenbrechers ganz einfach und am Ende kann man sich diese köstliche Speise gefahrlos auf der Zunge zergehen lassen. Dazu passt sehr gut die Joghurtsauce von Seite 73.

Für 4 Portionen

½ kg Zucchini, Salz
50 g Kefalotiri (alternativ Pecorino oder Parmesan)
1 Zwiebel
½ Bund Petersilie
1 Ei, Pfeffer
etwa 5 EL Semmelbrösel
2-3 EL Mehl
reichlich Öl zum Ausbacken

1 Die Zucchini waschen, putzen und fein in ein Sieb reiben. Die Raspel gut salzen und mindestens 30 Minuten ruhen lassen, damit sie Wasser ziehen können.
2 Den Käse reiben. Die Zwiebel abziehen und fein hacken. Die Petersilie waschen, die Blätter von den Stängeln zupfen und fein hacken.
3 Die Zucchiniraspel mit den Händen sehr gut ausdrücken.
4 In einer Schüssel das Ei verquirlen. Die Zucchiniraspel, den Käse, die Zwiebel und die Petersilie zugeben, salzen, pfeffern und alles gut vermischen. So viel Semmelbrösel unterarbeiten, dass einen formbarer Teig entsteht. Aus dem Teig eigroße Kugeln formen und diese zu Küchlein flach drücken. Die Zucchinipuffer mit Mehl bestäuben.
5 Öl in einer tiefen Pfanne erhitzen und die Zucchinipuffer darin beidseitig knusprig braten. Die Puffer herausnehmen, kurz auf Küchenpapier abtropfen lassen und noch heiß servieren.

Pikante Käsepaste
Tirokafterí

Für 4 Portionen

2-3 frische Chilischoten
½ kg Feta (alternativ Mysíthra, Anthótiro oder Quark)
6 EL Olivenöl
½ TL Oregano
Saft von 1 Zitrone
evtl. etwas Milch

1 Den Grill im Backofen vorheizen. Die Chilischoten in eine feuerfeste Pfanne legen und unter dem Grill anrösten. Die Stielansätze entfernen und das Fruchtfleisch – mit oder ohne Kerne, je nach gewünschtem Schärfegrad – sehr fein hacken.
2 Den Käse mit einer Gabel zerdrücken. Die Chilistücke untermischen. Das Öl nach und nach unter Rühren einlaufen lassen und die Mischung mit Oregano würzen. Zum Schluss den Zitronensaft zugießen und alles zu einer glatten, homogenen Masse verarbeiten. Sollte sie zu fest werden, kann man sie mit etwas Milch verdünnen.

Variante: Milder wird die Paste, wenn Sie die Chilischoten durch 3 Knoblauchzehen ersetzen. Dazu diese abziehen, fein zerkleinern, mit dem Käse im Mixer bei geringer Geschwindigkeit vermischen und nach und nach die restlichen Zutaten zugeben.

Mesédes und Salate

Olivenpaste
Poltós eliás

Oliven werden in der griechischen Küche vielseitig verwendet: Eingelegt in Essig oder Salz, als Zutaten beim Kochen, ins Brot gebacken – oder zu einer schmackhaften Paste verarbeitet. Für die Herstellung von Pasten dienen meist schwarze, vorzugsweise eingeschrumpfte Oliven. Olivenpaste schmeckt besonders gut auf gerösteten Weißbrotscheiben. Im Kühlschrank aufbewahrt hält sie sich mehrere Tage.

Für 4 Portionen

2 Tassen schwarze Oliven
2 EL Olivenöl

1 Die Oliven entkernen, fast zu einem Brei klein hacken und mit dem Öl vermischen.
2 Die Paste mehrere Stunden vor dem Verzehr ruhen lassen.

<u>Varianten:</u> Die Schale von 1/2 unbehandelten Zitrone abreiben, 1 kleine Zwiebel schälen und sehr fein hacken und beides zusammen mit 1 Esslöffel Zitronensaft sowie je 1 Teelöffel gemahlenem Kreuzkümmel und Koriander unter die Olivenpaste mischen.
Oder: Unter die Olivenpaste 1 abgezogene, durch die Presse gedrückte Knoblauchzehe sowie einige fein gehackte Minzeblättchen und 1 Esslöffel Zitronensaft mischen. Statt der Minzeblättchen können Sie auch 1 Teelöffel Oregano verwenden.

Pikante Paprikapaste
Chtipití

Für 4 Portionen

3 rote Zwiebeln
2 große rote Paprikaschoten
300 g Feta
Salz, Pfeffer
1/2 TL getrockneter Thymian
2 EL Rotweinessig
6 EL Olivenöl

1 Den Backofen auf 200 °C vorheizen. Die Zwiebeln ungeschält auf ein Backblech legen und 40 bis 50 Minuten im Backofen rösten, bis sie ganz weich sind.
2 Die Paprikaschoten ebenfalls im Backofen rösten bis die Haut Blasen wirft, anschließend mit einem feuchten Tuch bedeckt erkalten lassen und die Haut abziehen.
3 Die Paprikaschoten aufschneiden, entkernen und das Fruchtfleisch fein hacken. Die Zwiebeln pellen und ebenfalls fein hacken.
4 Den Feta mit einer Gabel fein zerdrücken und mit Paprika, Zwiebeln, Salz, Pfeffer, Thymian und Essig zu einer Paste verarbeiten, dabei nach und nach das Öl einrühren.

<u>Variante:</u> Sie können auch eingelegte Paprikaschoten aus dem Glas verwenden und den Essig durch die Lake aus dem Glas ersetzen.

Mesédes und Salate

Platterbsenpüree
Fáva

Um *fáva* gibt es einige Missverständnisse. Wegen der gelblichen Farbe wird oft angenommen, dass es sich um Linsen handelt. Das jedoch ist ein Irrtum. Zwar gehören beide Pflanzen zur botanischen Familie der Schmetterlingsblütler, sind aber unterschiedlichen Gattungen (*Láthyrus* bzw. *Lens*) zuzuordnen. Die besten *fáva* kommen aus Santorín. Früher wurde in vielen Orten wie auf der Insel Zakynthos heißes Platterbsenpüree von Straßenhändlern verkauft. Auf der Insel Kythira wird die vom Vortag übrig gebliebene *fáva* zusammen mit Tomaten geröstet. Platterbsenpüree schmeckt sowohl warm als auch kalt.

1 Die Platterbsen gründlich waschen (gelbe Erbsen vorher 6 Stunden einweichen) und in reichlich Wasser bei starker Hitze gut 10 Minuten kochen, dabei den aufsteigenden Schaum abschöpfen. Den Herd abschalten und die Hülsenfrüchte 30 Minuten im heißen Wasser stehen lassen.
2 Inzwischen die Zwiebel schälen und vierteln. 3 Esslöffel Öl in einen Topf erhitzen, die Zwiebel glasig dünsten und die Hitze reduzieren. Die Hülsenfrüchte abgießen, in den Topf geben und so viel heißes Wasser angießen, dass sie etwa 2 bis 3 cm hoch bedeckt sind. Zugedeckt 40-45 Minuten kochen lassen, bis die Hülsenfrüchte ganz weich sind. Dabei ab und zu umrühren, damit am Topfboden nichts anklebt.
3 Mit Salz, Pfeffer, Oregano und Zitronensaft würzen, 4-5 Esslöffel Öl zufügen und im Mixer pürieren. Eventuell noch etwas heißes Wasser zugeben, da der Brei beim Abkühlen noch fester wird.
4 Die Frühlingszwiebeln waschen, putzen und in Ringe schneiden. Das Püree in eine Schüssel geben, mit dem restliche Öl beträufeln und mit Frühlingszwiebeln garnieren.

Für 4 Portionen

¼ kg Fáva (alternativ gelbe Trockenerbsen)
1 große Zwiebel
8-10 EL Olivenöl
Salz, Pfeffer, Oregano
Saft von 1 Zitrone
3-4 Frühlingszwiebeln

Gegrillte Spitzpaprika
Floríness tiganités

1 Den Backofengrill vorheizen. Die Spitzpaprika seitlich bis zum Stielansatz aufschlitzen, die Stiele dranlassen, die Kerne entfernen, die Schoten abspülen und auf ein Backblech legen. Die Schoten salzen, mit Olivenöl begießen und ein paarmal im Öl wenden. Das Backblech auf der oberen Einschubleiste unter den Grill schieben und die Schoten unter Wenden rösten, bis sich leicht dunkle Stellen auf der Haut bilden.
2 Die Temperatur auf 175 °C herunterschalten, das Blech auf die mittlere Einschubleiste schieben, die Schoten mit dem Essig beträufeln und 10 bis 15 Minuten unter Wenden weiterbacken, bis sie weich geworden sind. Mit einigen Stängeln Petersilie auf einer Platte anrichten.

Für 4 Portionen

8 große Spitzpaprika, rot oder grün
Salz
5-6 EL Olivenöl
1-2 EL Rotweinessig
evtl. etwas Petersilie

Mesédes und Salate

Gefüllte Weinblätter
Dolmádes jalantsí

Dolmádes sind ein klassisches Fastengericht, werden aber auch zu anderen Zeiten gern als Vorspeise gegessen. Die gefüllten Weinblätter werden warm mit Zitronen-Ei-Sauce (Rezept siehe Seite 72) gegessen oder, auf Zimmertemperatur abgekühlt, ohne Sauce serviert.

Für 4 Portionen

20 eingelegte (oder junge, frische) Weinblätter
8 Frühlingszwiebeln
1 große Zwiebel
18 EL Olivenöl
180 g Rundkornreis
Salz
1 Bund Dill
1 Bund frische oder 1 TL getrocknete Minze
Saft von 2 Zitronen
Pfeffer

1 Eingelegte Weinblätter kurz in heißes Wasser legen. Frische Weinblätter in kochendem Wasser blanchieren, mit einem Schaumlöffel herausheben und kurz durch eiskaltes Wasser ziehen. Alle Blätter abtropfen und abkühlen lassen.

2 Die Frühlingszwiebeln putzen, waschen und ganz fein hacken. Die Zwiebel schälen und fein hacken. 2 Esslöffel Öl in einem Topf erhitzen und alle Zwiebeln mit dem Reis darin kurz andünsten. Nur so viel Wasser angießen, dass der Reis gerade bedeckt ist, salzen und 5 Minuten köcheln lassen. Das Wasser abgießen und den Reis auf einem Sieb abtropfen lassen.

3 Den Dill und die frische Minze waschen, die Blätter von den groben Stängeln zupfen und sehr fein hacken.

4 In einer Schüssel den Reis mit den Kräutern, 10 Esslöffel Öl und 5 Esslöffel Zitronensaft vermischen. Nach Bedarf mit Salz und Pfeffer würzen.

5 Zum Füllen die Blätter mit der Oberseite nach unten auf eine Arbeitsplatte legen. Je 1 Teelöffel Reismischung auf jedes Weinblatt am Stielansatz setzen, die Blätter links und rechts einschlagen und zur Spitze hin nicht zu fest einrollen, da der Reis beim Kochen noch aufquillt.

6 Die *dolmádes* mit der Nahtstelle nach unten ganz dicht nebeneinander in einen breiten Topf setzen. Den restlichen Zitronensaft und das restliche Öl darüber gießen und 4 Tassen heißes Wasser zugeben. Die gefüllten Weinblätter mit einem Teller beschweren, damit sie sich nicht wieder aufrollen können. Den Deckel auf den Topf legen, alles zum Kochen bringen und bei geringer Hitze 35 bis 45 Minuten köcheln lassen, bis die Flüssigkeit fast ganz aufgenommen ist.

Variante: Sie können auch je 1 Esslöffel Pinienkerne oder Sultaninen in die Füllung geben oder die Füllung mit sehr fein gehacktem Knoblauch, Piment oder Kreuzkümmel würzen.

Mesédes und Salate

Auberginensalat
Melitzanosaláta

Der Begriff „Salat" führt nach mitteleuropäischem Verständnis zu falschen Vorstellungen, denn in Griechenland heißt alles, was mit Essig angemacht und kalt serviert wird, Salat. So ist auch dieser Auberginensalat eher ein cremiges Püree. Dieses Gericht gehört auf jeden Tisch mit *mesédes*. Bei seiner Zubereitung ist besondere Sorgfalt geboten: Benutzen Sie keinen Mixer, weil das Püree sonst bitter werden kann.

Für 4 Portionen

½ kg Auberginen
1-2 Knoblauchzehen
½ Bund Petersilie
1 kleine Zwiebel
25 g Walnusskerne
Salz
1-2 EL Essig
4-5 EL Olivenöl
1 Spitzpaprika
1 Tomate

1 Die Auberginen waschen und mit einem spitzen Messer leicht einritzen, damit sie beim Garen nicht platzen. Die Auberginen in Alufolie einwickeln und unter mehrmaligem Wenden auf der Elektroplatte des Herdes, unter dem Elektrogrill des Backofens oder, noch besser, auf Holzkohle so lange grillen bis die Haut sichtlich geschrumpft ist und die Auberginen durch und durch weich sind. Das dauert mindestens 30 Minuten.

2 Die heißen Auberginen sofort schälen, die Fruchtmasse mit einem Holzlöffel grob zerdrücken, in ein Sieb geben und die restliche Flüssigkeit abtropfen lassen.

3 Den Knoblauch abziehen und in einem Mörser zerstampfen oder durch eine Knoblauchpresse drücken. Die Petersilie waschen, die Blätter abzupfen und fein hacken. Die Zwiebel schälen und fein würfeln. Die Walnusskerne fein mahlen.

4 Den Auberginenbrei salzen, Knoblauch, Essig und Öl nach und nach zugeben und mit einem Holzlöffel zu einer homogenen Masse verrühren.

5 Die Zwiebel und die Petersilie unter das Püree mischen, die Walnüsse zugeben und unterziehen. Den Auberginensalat in kleine Schälchen füllen.

6 Die Spitzpaprika und die Tomate putzen, in Scheiben schneiden und den Auberginensalat damit garnieren.

Mesédes und Salate

Fischrogencreme
Taramosaláta

Taramosaláta war früher in Smyrna dem letzten Faschingstag (Katharí Deftéra) vorbehalten, so erzählte uns unsere Tante Chryssoula, die dort ihre Jugend verbracht hat.
Den Fischrogen (*taramá*) bekommt man in gepresster Form in griechischen Lebensmittelgeschäften oder in gut sortierten Lebensmittelabteilungen der Kaufhäuser.

1 Den Fischrogen 1 Stunde wässern und anschließend gut abtropfen lassen. Das Brot etwa 10 Minuten in Wasser einweichen und dann mit den Händen kräftig ausdrücken.
2 Die Frühlingszwiebeln waschen, putzen, sehr fein hacken und in einem Mörser zerstampfen. Das Brot zugeben und beides zu einer homogenen Masse vermischen.
3 Den Fischrogen zufügen und so lange rühren, bis die Masse cremig geworden ist – das kann auch mit einem Rührstab oder in einem Elektromixer geschehen.
4 Nach und nach das Öl und den Zitronensaft immer in der gleichen Richtung einrühren und zwar jeweils in der Reihenfolge 1 Esslöffel Öl und 1 Teelöffel Zitronensaft. Sollte die Creme zu fest sein, noch 1 Esslöffel warmes Wasser unterrühren. Die Creme vor dem Verzehr mindestens 1 Stunde in den Kühlschrank stellen. Mit Oliven garniert servieren.

Variante: Statt des Weißbrotes gekochte mehlige Kartoffeln (etwa 300 g) verwenden.

Für 4 Portionen

200 g Taramá (vorzugsweise weißer Fischrogen)
2 dicke Scheiben altbackenes Weißbrot ohne Rinde, à ca. 140 g
2 Frühlingszwiebeln
12 EL Olivenöl
Saft von 1 ½ Zitronen
6-10 kleine schwarze Oliven

Frikadellen aus Hülsenfrüchten
Keftédes me óspria

1 Die Hülsenfrüchte am Abend zuvor in kaltem Wasser einweichen. Am nächsten Tag das Einweichwasser abgießen. Die Hülsenfrüchte mit frischem Wasser aufkochen, in 1 ½ Stunden weich kochen, abgießen und mit einer Gabel zerdrücken.
2 Die Zwiebel und den Knoblauch abziehen und beides klein hacken. Die Petersilie waschen, die Blätter abzupfen und klein hacken.
3 In einer Schüssel die Eier aufschlagen, mit den vorbereiteten Zutaten vermischen, salzen und pfeffern. Etwas Semmelbrösel zugeben, falls die Masse nicht fest genug ist.
4 Das Öl in einer Pfanne stark erhitzen, mit einem Esslöffel Frikadellen aus der Masse formen, mit Mehl bestäuben und im das heißen Öl braten. Wenden, sobald sie Farbe angenommen haben und auf der anderen Seite braten.

Für 4 Portionen

½ kg gemischte Hülsenfrüchte (Bohnen, Kichererbsen, gelbe Erbsen oder Platterbsen, Saubohnen)
1 kleine Zwiebel
1 Knoblauchzehe
einige Stängel Petersilie
2 Eier, Salz, Pfeffer
evtl. 1 EL Semmelbrösel
4 EL Öl zum Braten
1-2 EL Mehl

Mesédes und Salate

Χταπόδι ξυδάτο
Oktopus in Essig
Chtapódi xidáto

Mitten in der Nacht weckte uns ein gleichmäßiges Klatschen vor der kleinen Pension in der Bucht von Agnontas auf der Sporadeninsel Skopelos. Ein vertrautes Geräusch: Jemand hat einen Oktopus gefangen, den er nun präparieren muss. Unmittelbar nach dem Fang muss man den Oktopus auf hartem Boden weichschlagen und immer wieder in seinem Schaum reiben. Das kann eine Stunde dauern, je nachdem ob es sich um ein junges oder ein großes altes Tier handelt. Danach hängt man den Oktopus an einer Wäscheleine auf ... ein beliebtes Motiv für Fotografen! Oktopus in unterschiedlichen Zubereitungsarten ist eine der Lieblingsspeisen der Griechen, vor allem als Vorspeise oder *mesé* zum Ouzo.

Für 4 Portionen

1 küchenfertiger Oktopus, ca. 600 g (auch tiefgefroren)
1 Zwiebel
2 Stängel Stangensellerie
1 kleine Möhre
3-4 Stängel Petersilie
$\frac{1}{8}$ l Essig
Salz, Pfeffer

Für die Marinade:
2-3 Stängel Petersilie
5 EL Olivenöl
4 EL Rotweinessig
Pfeffer, Oregano

Nach Belieben:
etwas gehackte Petersilie

1 Den Oktopus unter fließendem kaltem Wasser waschen. Den tiefgekühlten Oktopus auftauen lassen. Den Körper und die Tentakel (Fangarme) in kleine, fingerdicke Scheiben schneiden. Alles zunächst ohne Wasser in einem Topf unter häufigem Rühren bei geringer Hitze dünsten, bis die Flüssigkeit, die ausgeschieden wird, verdampft ist. Die dafür nötige Zeit ergibt sich aus der Beschaffenheit des Tieres.

2 Inzwischen die Zwiebel schälen und vierteln. Den Stangensellerie, die Möhre und die Petersilie waschen, nach Bedarf putzen, abtropfen lassen und zum Oktopus geben. Essig zugießen und alles leicht salzen und pfeffern. Den Topfinhalt mit kaltem Wasser bedecken, aufkochen und den aufsteigenden Schaum abschöpfen. Die Oktopusstücke bei geringer Hitze köcheln lassen, bis sie weich sind, das kann gut 1 Stunde dauern.

3 Für die Marinade die Petersilie waschen, die Blätter von den Stängeln zupfen und fein hacken. Olivenöl, Rotweinessig, Petersilie, Pfeffer und Oregano zu einer Marinade verrühren.

4 Die Oktopusstücke aus dem Topf nehmen, in eine Schüssel füllen und noch in heißem Zustand mit der Marinade übergießen. Das Gericht 24 Stunden ziehen lassen, dabei einige Male umrühren.

5 Zum Servieren evtl. noch etwas fein gehackte Petersilie darüber streuen.

Variante: Ebenso beliebt ist Oktopus vom Grill (*chtapódi sta kárvouna*). Dafür den Oktopus unter fließendem kaltem Wasser waschen und in einem Topf bei geringer Hitze in seiner eigenen Flüssigkeit 1 bis 1 $\frac{1}{2}$ Stunden dünsten. Sollte die Flüssigkeit zu schnell verdampfen, noch 1 Glas Wasser zugeben. Anschließend die ganzen Tentakeln abschneiden, mit etwas Olivenöl bestreichen und leicht pfeffern. Die Tentakel auf einen heißen Holzkohlengrill oder unter den vorgeheizten Backofengrill legen und häufiger umdrehen, bis sie leicht knusprig sind. In der Zwischenzeit 3 Esslöffel Olivenöl, Pfeffer, Salz und Oregano zu einer Marinade verrühren. Die gegrillten Tentakel in fingerdicke Scheiben schneiden, auf einer Platte mit der Marinade übergießen und servieren.

Mesédes und Salate

Garnelensaganaki
Garídes saganáki

Für 4 Portionen

4 große Tomaten oder
1 Dose geschälte Tomaten
2 Zwiebeln
1 Knoblauchzehe
1 grüne Paprikaschote
12 EL Olivenöl
Salz, Pfeffer, Paprikapulver
½ kg große Garnelen
2 Stängel Petersilie
150 g Feta

1 Die frischen Tomaten waschen, mit heißem Wasser überbrühen, die Haut abziehen und die Kerne entfernen. Das Fruchtfleisch bzw. die Dosentomaten im Mixer pürieren.
2 Die Zwiebeln schälen, den Knoblauch abziehen und beides fein hacken. Die Paprikaschote waschen, Stielansatz und Kerne entfernen und das Fruchtfleisch fein hacken.
3 Das Öl in einer Pfanne erhitzen und die Zwiebeln darin anschwitzen. Den Knoblauch und die Paprikastücke zugeben und kurz mitdünsten.
4 Die Tomaten zufügen. Mit Salz, Pfeffer und Paprikapulver würzen. Etwa 30 Minuten köcheln lassen, bis alles zu Brei verkocht ist.
5 Die Garnelen am Körper schälen, dabei Kopf und Schwanz dranlassen aber darauf achten, dass der schwarze Darm entfernt wird. Kurz kalt waschen, abtropfen lassen.
6 Den Backofen auf 200 °C vorheizen. Die Garnelen in eine Auflaufform legen und mit der Tomatenzubereitung bedecken. Die Petersilie waschen, die Blätter von den Stängeln zupfen und in die Form legen. Den Feta zerbröckeln und darüber streuen. Die Form in den Backofen stellen und das Gericht in etwa 5 bis 10 Minuten überbacken.

Mesédes und Salate

Muschelsaganaki
Mídia saganáki

Die griechische Küche verarbeitet zwar viel Fisch, aber nur wenige Meeresfrüchte. Austern, Meeresschnecken, Seeigel und die verschiedenen Muschelsorten werden praktisch nur zum Katharí Deftéra, dem letzten Karnevalstag vor der Fastenzeit, in größeren Mengen verzehrt. Lediglich die Miesmuschel spielt eine größere Rolle, vor allem in Nordgriechenland. Die folgenden Varianten des *saganáki* finden Sie fast nur in den Ouzerien von Thessaloníki, da es nur dort ein ausreichend großes Flussdelta gibt, in dem die Muscheln gedeihen können.
Bei diesen Rezepten wird von ausgelöstem Muschelfleisch ausgegangen. Das bedeutet, dass Sie entweder Tiefkühlware kaufen oder frisches Fleisch selbst aus den Muscheln lösen müssen, wobei gut 1 Kilogramm Muscheln die erforderlichen 300 Gramm Muschelfleisch liefern. Dazu die Muscheln unter fließendem kaltem Wasser gründlich waschen und abbürsten, eventuell vorhandene Bärte mit den Fingern abziehen und bereits geöffnete Exemplare aussortieren und wegwerfen. Die Muscheln dann in einem geschlossenen Topf mit wenig Wasser 6 bis 10 Minuten dämpfen, bis sie sich geöffnet haben, dabei den Topf mehrmals kräftig schütteln. Jetzt noch geschlossene Exemplare wegwerfen, sie könnten verdorben sein. Aus den geöffneten Muscheln das Fleisch auslösen. Einige Fachgeschäfte bieten Miesmuscheln an, die schon vorgekocht sind und nur noch ausgelöst werden müssen.

Für 4 Portionen

300 g Miesmuschelfleisch (frisch oder tiefgefroren)
2-3 Stängel Petersilie
1 kleine scharfe Chilischote
6 EL Olivenöl
Salz, Pfeffer
Saft von 1 Zitrone

1 Das Muschelfleisch abspülen und auf Küchenpapier abtrocknen lassen.
2 Die Petersilie waschen, die Blätter von den groben Stängeln zupfen und fein hacken. Die Chilischote waschen, Stielansatz – und Kerne, je nach gewünschter Schärfe – entfernen und das Fruchtfleisch in schmale Ringe schneiden.
3 In einer großen tiefen Pfanne das Öl mit ein paar Esslöffel Wasser, Salz, Pfeffer, Petersilie und den Chiliringen zum Sieden bringen. Sobald die Flüssigkeit zu kochen beginnt, die Muscheln einlegen und höchstens 5 Minuten mitkochen – sonst werden sie hart.
4 Die Muscheln vom Herd nehmen, mit Zitronensaft beträufeln und sofort servieren. Dazu passt frisches Weißbrot besonders gut.

Für die Variante:
300 g Miesmuschelfleisch (frisch oder tiefgefroren)
1 Zwiebel
1 scharfe Chilischote
½ Bund Petersilie
2 Knoblauchzehen
6 EL Olivenöl
1 TL süßes Senfpulver
7-8 EL Weißwein
1 Scheibe Feta, ca. 70 g

Variante: Mit Petersilie und Knoblauch
1 Das Muschelfleisch abspülen, auf Küchenpapier abtrocknen lassen und in einer Keramik- oder feuerfesten Glasform auslegen. Den Backofen auf 200 °C vorheizen.
2 Die Zwiebel schälen und fein hacken. Die Chilischote waschen, Stielansatz und Kerne entfernen und das Fruchtfleisch fein hacken.
3 Die Petersilie waschen, die Blätter abzupfen und fein hacken. Den Knoblauch abziehen und in einem Mörser zerstampfen oder durch eine Knoblauchpresse drücken.
4 In einer tiefen Pfanne das Öl erhitzen und die Zwiebel und die Chilistücke darin andünsten. Die Hälfte der Petersilie, den Knoblauch und das Senfpulver zugeben. Den Wein zugießen und etwas aufkochen lassen. Diese Sauce über die Muscheln gießen.
5 Die Form für 10 Minuten in den Backofen stellen. Den Feta zerdrücken und am Ende der Garzeit über die Muscheln streuen. Nochmals 5 Minuten in den Backofen stellen. Vor dem Servieren die restliche Petersilie darüber streuen.

Mesédes und Salate

Φακὲς με κυδώνια και καλαμάρια

Linsensalat mit Venusmuscheln und Tintenfischen

Fakés me kydónia ke kalamária

Dieses Gericht stammt von Santorín. Von hier kommen die besten Linsen Griechenlands, aber auch sehr wohlschmeckende Auberginen und getrocknete Tomaten. Die Kombination aus einheimischem Gemüse und Fisch ist typisch für diese Insel, auf der Fleischgerichte nur eine untergeordnete Rolle spielen. Zu diesem köstlichen Salat passt besonders gut ein Asýrtiko aus Santorín, der auf dem gleichen Boden angebaut wird wie die Linsen.

1 Die Zwiebel und den Knoblauch abziehen. Die Linsen in reichlich Wasser mit der Zwiebel, dem Knoblauch und den Lorbeerblättern etwa 40 Minuten kochen. Zwiebeln, Knoblauch und Lorbeer entfernen und die Linsen auf einem Sieb gut abtropfen lassen.

2 Die Venusmuscheln gründlich unter fließendem Wasser abbürsten, geöffnete und beschädigte Muscheln aussortieren und wegwerfen.

3 Die Petersilie waschen, die Blättchen abzupfen und fein hacken. Den Wein mit dem Ouzo erhitzen, die Venusmuscheln und die Hälfte der Petersilie zufügen. Im geschlossenen Topf bei geringer Hitze so lange dünsten, bis sich die Muscheln geöffnet haben. Anschließend die Muscheln aus dem Sud nehmen, geschlossene Muscheln aussortieren und wegwerfen. Das Muschelfleisch aus den Schalen nehmen und beiseite stellen.

4 Inzwischen die Tintenfische waschen, auf Küchenpapier etwas abtrocknen lassen und in schmale Ringe schneiden. Die Hälfte des Olivenöls in einem Topf erhitzen, die Tintenfischringe zugeben, nur ganz leicht salzen und bei geringer Hitze etwa 10 Minuten ohne Deckel schmoren. Sie sind gerade richtig, wenn sie noch etwas Biss haben.

5 Die Kapern unter fließendem Wasser gründlich abspülen. Die Oliven halbieren. Von einem Zweig Oregano bzw. Thymian die Blättchen abzupfen, den anderen Zweig für die Garnitur beiseite legen.

6 Die Linsen mit Kapern, Oliven, abgezupften Oregano- oder Thymianblättchen, der restlichen Petersilie, Essig und dem restlichen Olivenöl mischen und nach Bedarf salzen. Tintenfischringe und Muscheln untermischen und alles mindestens 2 Stunden durchziehen lassen. Zum Servieren den Salat auf einer Platte anrichten und mit dem beiseite gelegten Kräuterzweig garnieren.

Für 4 Portionen

1 Zwiebel
2 Knoblauchzehen
300 g Linsen
3 Lorbeerblätter
1 kg Venusmuscheln
1 Bund glatte Petersilie
8 EL Weißwein
½ Espressotasse Ouzo
600 g Tintenfisch, küchenfertig gereinigt
6 EL Olivenöl
100 g Kapern, in Salz eingelegt
15 schwarze Oliven ohne Kern
2 frische Zweige Oregano oder Thymian (alternativ
½ TL getrocknete Kräuter)
8 EL Weißweinessig
Salz

Mesédes und Salate

Schweinefleisch-Pfanne
Tiganiá

Dieses schlichte, aber geschmackvolle Fleischgericht kann sowohl als *mesé* als auch als Hauptmahlzeit auf den Tisch kommen. Wenn Sie es als Hauptgericht servieren wollen, verdoppeln Sie die Zutaten. Sehr gut dazu passen gegrillte Spitzpaprika (siehe Seite 33).

Für 4 Portionen

½ kg Schweinefilet

1 Das Fleisch unter fließendem kaltem Wasser waschen, kurz abtropfen lassen und mit Küchenpapier trockentupfen. Das Fleisch erst in Scheiben und dann quer in nicht zu schmale Streifen schneiden.

Für die Variante 1:
4 EL Olivenöl
Salz, Pfeffer, Oregano
5 EL heißes Wasser
Saft von 1 Zitrone

Variante 1: Mit Zitronensaft
2 Das Öl in einer Pfanne erhitzen und das Fleisch darin unter ständigem Wenden scharf anbraten. Die Temperatur reduzieren, mit Salz, Pfeffer und Oregano würzen. Das Wasser angießen und das Fleisch zugedeckt etwa 5 Minuten bei geringer Hitze schmoren.
3 Die Temperatur wieder erhöhen, den Zitronensaft über das Fleisch gießen und alles ohne Deckel weitere 2 bis 3 Minuten schmoren lassen.

Für die Variante 2:
Salz, Pfeffer, Oregano
3 EL Essig
4 EL Olivenöl
5 EL Weißwein

Variante 2: Mit Wein
2 Das klein geschnittene Fleisch in eine Schüssel geben und mit Salz, Pfeffer und Oregano würzen. Den Essig angießen und das Fleisch zugedeckt 1 Stunde marinieren.
3 Das Fleisch aus der Marinade nehmen, gut abtropfen lassen, die Mariande dabei auffangen und die Fleischstücke mit Küchenpapier trockentupfen. In einer Pfanne das Öl erhitzen, das Fleisch zugeben und scharf anbraten.

4 Die Temperatur reduzieren, die Marinade und den Wein zugeben und das Fleisch etwa 5 bis 7 Minuten dünsten.

Mesédes und Salate

Schweinskopfsülze
Pichtí

Die Bauern in ganz Griechenland hielten sich früher Schweine, die sie mit den Küchen- und Gemüseabfällen fütterten. Wenn diese aber wegen des herannahenden Winters ausblieben, war es Zeit, die Schweine selbst zum Verzehr heranzuziehen. So wurde der Schweinebraten zum traditionellen Weihnachtsessen. Viele Bauern halten sich auch heute noch ein Schwein, das um die Weihnachtszeit das Leben lassen muss. Während man die Keulen in den Kamin hängt und Bauch und Nacken zu *pastó*, gepökeltem Schweinefleisch, einmacht oder für den Festtagsbraten verwendet, bereitet man aus dem Schweinskopf und den Füßen eine leckere Sülze und verarbeitet dazu auch noch die Früchte, die um Weihnachten herum reif sind: nämlich Orangen und Zitronen. Lassen Sie sich von Ihrem Metzger rechtzeitig einen halben Schweinskopf zur Seite legen.

Für 6-8 Portionen

½ Schweinskopf mittlerer Größe, ca. 3 kg
2 Schweine- oder Kalbsfüße
Schale von 1 unbehandelten Orange
⅛ l Orangensaft
Saft von 2 Zitronen
7-8 EL Essig
Kreuzkümmel
Muskatnuss, Pfeffer, Salz

Für die Variante:
2 mittelgroße Zwiebeln
3 Möhren
1 Stängel Selleriegrün
3-4 Stängel Petersilie
4 Knoblauchzehen
2 Lorbeerblätter
2 TL Kapern
2 EL Essig- oder Salzgurken
Pfefferkörner

1 Den Schweinskopf und die Füße 2 ½ Stunden in lauwarmes Wasser legen und dann unter fließendem Wasser sorgfältig reinigen.

2 In einem großen Topf den Kopf und die Füße in Salzwasser etwa 1 ½ Stunden kochen, bis sie weich sind; vor allem anfangs immer wieder den Schaum abschöpfen.

3 Den Topfinhalt abkühlen lassen, den Kopf und die Füße aus der Brühe heben und die Brühe durch ein Sieb in einen anderen Topf seihen. Von dem Kopf die Ohren und den Rüssel abschneiden und beiseite legen. (In Griechenland ist es teilweise noch üblich, sie später für die Dekoration verwenden.)

4 Das Fleisch von den Knochen lösen, klein schneiden und zu der Brühe geben.

5 Die Orangenschale in schmale Streifen schneiden und mit Orangen- und Zitronensaft, Essig und Kreuzkümmel zum Fleisch geben. Mit Muskatnuss, Pfeffer und Salz würzen.

6 Alles mehrmals aufkochen lassen, nach 20 Minuten vom Herd nehmen und auf Zimmertemperatur abkühlen lassen.

7 Alles entweder in eine große oder in mehrere kleine Keramikschüsseln geben, die allzu fetten Teile entfernen und darauf achten, dass die Fleischteile von der Brühe vollständig bedeckt sind. In den Kühlschrank stellen, bis die Sülze fest geworden ist.

Variante: Mit Gemüse
Alternativ zu Step 5 im Grundrezept oben kann man in die Fleischbrühe verschiedene Gemüsearten und andere Gewürze geben.

5 Die Zwiebeln schälen und in dünne Scheiben schneiden. Die Möhren putzen und in Scheiben schneiden. Sellerie und Petersilie waschen, die Blätter abzupfen und grob auseinander reißen. Den Knoblauch abziehen und in Scheiben schneiden. Alles zusammen mit den Lorbeerblättern, den Kapern, den Gurken und den Pfefferkörnern zum Fleisch geben.

Weitere Zubereitung wie oben in Step 6 und 7 beschrieben.

Mesédes und Salate

Χωριάτικη σαλάτα

Griechischer Bauernsalat
Choriátiki saláta

In Griechenland heißt dieser Salat schlicht „Dorfsalat" (*chorió* heißt Dorf). Die Bezeichnung stammt noch aus jener Zeit, als die Zutaten aus dem eigenen Garten im Dorf unmittelbar vor der Zubereitung geerntet wurden. Im Prinzip ist der Bauernsalat nichts anderes als ein erweiterter Tomatensalat, denn Tomaten sind die Hauptzutat. Was sonst noch dazu kommt, hängt davon ab, was gerade reif ist. Seinen besonderen Geschmack erhält der Salat aber durch das verwendete Olivenöl, welches von höchster Qualität sein soll.
Für die meisten Griechen kommt das eigentliche Essvergnügen ganz am Schluss. Es ist der Augenblick, in dem sie frisches Weißbrot in die am Boden der Schüssel verbliebene Sauce eintunken und genüsslich verzehren können.

1 Die Tomaten waschen, putzen und in grobe Stücke – nicht in Scheiben – schneiden. Die Paprikaschote waschen, Stielansatz und Kerne entfernen und das Fruchtfleisch in Streifen schneiden. Die Gurke waschen, schälen und in Scheiben schneiden. Die Zwiebel abziehen und in Ringe schneiden. Alles mit den Oliven in eine Schüssel geben.
2 Das Öl über den Salat gießen und mit Salz, Pfeffer und Oregano würzen.
3 Den Käse entweder zerkleinern und zum Salat geben oder auf einen kleinen Teller legen, mit Oregano bestreuen, mit etwas Öl begießen und getrennt servieren.
4 Die Zutaten in der Schüssel erst kurz vor dem Servieren durchmischen.
5 Das frische Weißbrot zum Bauernsalat servieren. In Griechenland isst man den Salat auch gerne direkt aus der Schüssel.

Variante: Bauernsalat wird normalerwiese ohne Essig angemacht, denn das Aroma der reifen Tomaten sorgt schon für einen angenehmen säuerlichen Geschmack. Sie können aber auch einen Schuss Essig zugeben. Probieren Sie aus, was Ihnen besser schmeckt.

Für 4 Portionen

2-3 große, feste, reife Tomaten
1 Paprikaschote
½ Salatgurke
1 mittelgroße Zwiebel
einige Oliven
6 EL Olivenöl
Salz, Pfeffer
½ TL Oregano
140 g Feta
frisches Weißbrot

Χόρτα

Wildkräutersalat
Chórta

1 Die Wildkräuter waschen und verlesen. In sprudelndem Salzwasser 1 Minute blanchieren, herausnehmen, mit eiskaltem Wasser abschrecken, etwas abtropfen lassen und auf einer große Platte anrichten.
2 Den Knoblauch abziehen, fein hacken und über das Gemüse geben. Aus Zitronensaft, Öl, Salz und Pfeffer eine Marinade rühren und über das Gemüse gießen.
3 Die Pinienkerne in einer Pfanne ohne Fett kurz anrösten und auf den Salat streuen. Die Zitrone waschen, in Achtel schneiden und zum Salat servieren.

Für 4 Portionen

700 g Wildkräuter (Sauerampfer, junger Löwenzahn, Mangold, Brunnenkresse, Rucola, Rote-Bete-Blätter, Portulak)
2 Knoblauchzehen
Saft von 1 Zitrone
6 EL Olivenöl, Salz, Pfeffer
2 EL Pinienkerne
1 Zitrone

Mesédes und Salate

Krautsalat mit Möhren
Saláta láchano me karóta

Wenn es im Winter keine heimischen Tomaten mehr gibt, bereiten die Griechen oft andere Salate zu, etwa aus Rucola, Rote Bete, Blumenkohl oder Kartoffeln. Eine besondere Rolle spielt Krautsalat, da Weißkohl und Möhren selbst in Gebirgsregionen angebaut werden und lange haltbar sind. Ansonsten öffnen die Griechen ihre Einmachgläser, in die sie im Sommer Paprikaschoten, Gurken, Blumenkohl oder kleine Auberginen in Essig eingelegt haben. Im Frühjahr kommen dann die *chórta* dazu. Das Rezept dafür finden Sie auf Seite 47.

Für 4 Portionen

½ Kopf Weißkraut, ca. 350 g
2 Möhren
Saft von 1 Zitrone
6 EL Olivenöl
Salz

1 Den Strunk aus dem Kohlkopf schneiden, die äußeren Blätter entfernen und nur den zarten, hellen Teil des Krautkopfs sehr fein schneiden oder hobeln. Die Möhren waschen, putzen, zum Kraut reiben und alles gut miteinander vermischen.
2 Unter den Salat Zitronensaft und Öl mischen, salzen und gut durchziehen lassen.

Variante: Zur Verfeinerung kann man auch 2 Esslöffel grob gehackte Walnusskerne und einige Blättchen Rucola zugeben.

Romano mit Dill
Maroúli me ánitho

Sehr beliebt als Salat oder Gemüse ist Romana-Salat, auch Bindesalat, Römischer Salat, Römersalat oder schlicht Romano genannt. Seine schlanken Köpfe können bis zu 20 Zentimeter lang sein, die Blätter haben ausgeprägte Mittelrippen.

Für 4 Portionen

1 Kopf Romana-Salat,
verwendbare Blätter ca. 300 g
4 Frühlingszwiebeln
3-4 Stängel Dill
2-3 EL Essig oder Zitronensaft
6 EL Olivenöl
Pfeffer, Salz

1 Den Strunk des Salatkopfes abschneiden und die äußeren dunklen Blätter entfernen. Die zarten inneren Blätter waschen, trockenschleudern und, am Strunk beginnend, in ca. 5 Millimeter schmale Streifen schneiden.
2 Die Frühlingszwiebeln putzen, waschen und mit etwa 5 Zentimeter der grünen oberen Teile in schmale Scheiben schneiden. Den Dill waschen, die Spitzen abzupfen und fein hacken. Beide Zutaten unter den Salat mischen.
3 Essig oder Zitronensaft und Öl über den Salat gießen, mit Salz und Pfeffer würzen und gründlich durchmischen.

Mesédes und Salate

Γίγαντες σαλάτα
Salat aus Riesenbohnen
Jígantes saláta

Die „Giganten", wie die Griechen zu Recht sagen, werden besonders gerne bei Festen als kalte Vorspeise serviert, da sie eine gute Grundlage für alkoholische Getränke wie Ouzo oder Tsípouro bilden. Das Kochen der Bohnen erfordert etwas Aufmerksamkeit, denn sie sollten zwar weich, aber auf keinen Fall matschig sein. Deshalb empfiehlt es sich, gegen Ende der Garzeit regelmäßig den Garzustand zu kontrollieren.

1 Am Abend vor der Zubereitung die Bohnen mit dem Natron und etwas Salz in reichlich kaltem Wasser einweichen.

2 Am nächsten Tag das Wasser abgießen und die Bohnen in einem Sieb unter fließendem Wasser abspülen. Die Bohnen mit kaltem Wasser aufgießen, bei geringer Hitze ohne Umzurühren in etwa 1 Stunde weich kochen – dabei darauf achten, dass sie nicht zerfallen – und abseihen.

3 Die Tomate waschen, putzen, würfeln. Die Zwiebel schälen und in Scheiben schneiden. Die Paprikaschote waschen, vierteln, putzen und in Streifen schneiden.

4 Alle Zutaten in eine Schüssel geben, salzen und pfeffern. Essig und Öl dazugießen, und alles miteinander mischen. Vor dem Servieren gut 1 Stunde durchziehen lassen.

Für 4 Portionen

300 g große weiße Bohnenkerne
½ TL Natron
Salz
1 Tomate
1 Zwiebel
1 grüne Paprikaschote
Pfeffer
3 EL Essig, 4 EL Olivenöl

Παντζάρια βραστά
Rote-Bete-Salat
Patsária vrastá

Dieser Salat passt ganz hervorragend zu gebackenem Klippfisch (siehe Seite 108) und der Knoblauchpaste von Seite 28.

1 Von den Rote-Bete-Knollen alle Wurzeln und Blätter entfernen, dabei die inneren zarten Blätter aufheben. Die Knollen und die zarten Blätter waschen.

2 Die Knollen mit Wasser bedecken und in 45 bis 60 Minuten weich kochen. Durch Einstechen mit einer Gabel den Garzustand testen. Kurz bevor die Knollen weich sind, die zarten Blätter für 10 Minuten zugeben und darauf achten, dass sie nicht verkochen.

3 Die Knollen abgießen, schälen, in dünne Scheiben schneiden und auf einer Platte anrichten. Die gekochten Blätter dazwischen legen.

4 Öl, Essig und Salz verrühren. Knoblauch abziehen und fein dazu reiben. Die Sauce über die Rote Bete gießen. Den Salat vor dem Servieren 1 Stunde durchziehen lassen.

Für 4 Portionen

800 g Rote Bete mit den zarten Blättern
5 EL Olivenöl
3 EL Essig
Salz
1 Knoblauchzehe

Mesédes und Salate

Pittes
Pittas
Pítes

Pitta ist in der Regel ein Gebäck, das mit Gemüse und/oder Fleisch und Käse belegt oder gefüllt im Ofen gebacken wird. Die Kochkunst einer griechischen Hausfrau zeigt sich unter anderem darin, wie sie eine Pitta zubereitet. Das geschickte Ausziehen des Teiges und später die richtige Dosierung der Temperatur galten früher als Garanten für eine gute Pitta. Wenn eine Hausfrau sich nicht genügend Zeit für die Zubereitung des Teiges genommen hatte, wurde die misslungene Pitta als *tembelópita* (Faulenzerpitta) bezeichnet.

Noch heute erinnern wir uns an jenen Tag hoch über dem Korinthischen Golf in Trikala Korinthias, an dem wir die beste Pitta gegessen haben. Da hockte die Großmutter am Kamin und drehte das riesige *tapsí* über dem offenen Feuer. Ihre Pitta war einmalig. Heute geht das viel einfacher: Den Teig kann man fertig kaufen und die meisten Pittas werden im Backofen gebacken.

Zwar zeigt das Wort Pitta die Nähe zur italienischen Pizza, der griechische Begriff reicht jedoch viel weiter als der italienische ... Auch gefüllte Teigtaschen werden als Pitta bezeichnet. Und neben den mit Teig im Ofen gebackenen Pittas gibt es einige Ausnahmen: Die Kräutertaschen (Rezept Seite 56) zum Beispiel werden in der Pfanne gebacken und bei der Käsepitta (Käsefladen, Rezept Seite 60) wird der ganze Teig fein gewürzt und man verzichtet auf die Füllung.

Die Vielseitigkeit der Pittas spiegelt sich aber auch im Teig wider. Neben Filloteig wird auch eine Art Mürbteig für Pittas verwendet. Die Rezepte dafür sind recht unterschiedlich und richten sich nach der Füllung oder dem Geschmack der Hausfrau.

Wenn im Folgenden ein Rezept Filloteig vorschreibt, so können Sie diesen fertig in griechischen und türkischen Lebensmittelgeschäften – dort unter der Bezeichnung „Yufka" – kaufen. Als Ersatz kann auch Strudelteig oder tiefgekühlter Blätterteig, hauchdünn ausgerollt, dienen.

Hühnerpitta
Kotópita

Schon von den alten Kretern der Minoischen Epoche, also aus der Zeit um 1700 vor Christus, weiß man, dass sie Teig aus gesiebtem Mehl herstellten und Fleisch damit umwickelten. Unser Rezept folgt sicher nicht ganz der Überlieferung – aber zu wissen, dass man nach einer mehr als 3000 Jahre alten Tradition kocht, lohnt den Aufwand auf jeden Fall.

1 Das Huhn innen und außen unter fließendem kaltem Wasser waschen, abtropfen lassen und in einen Topf geben. Die Möhre waschen und schälen. Eine Zwiebel abziehen. Die Petersilie waschen und abtropfen lassen. Alle drei Zutaten zu dem Huhn in den Topf geben und so viel kaltes Wasser aufgießen, dass alles vollständig bedeckt ist.

2 Den Topfinhalt zum Kochen bringen, wiederholt den Schaum abschöpfen, die Hitze reduzieren und das Huhn in etwa 1 $\frac{1}{2}$ Stunden garziehen lassen.

3 Das Huhn aus der Brühe heben. Die Brühe abseihen und zur Seite stellen. Das Huhn häuten, das Fleisch von den Knochen lösen und in kleine Stücke zerteilen.

4 Den Reis in etwas Brühe in 10 Minuten nahezu gar kochen. In ein Sieb abgießen, kalt abschrecken und abtropfen lassen.

5 Die zweite Zwiebel schälen und klein hacken. Die Eier verquirlen und mit dem Reis, der Zwiebel und dem Fleisch vermischen, salzen und pfeffern. Sollte die Füllung zu fest sein, noch ein wenig Hühnerbrühe untermischen.

6 Den Backofen auf 180 °C vorheizen. Eine Auflaufform mit Öl ausstreichen. Vom Fillo-oder Strudelteig 4 Teigblätter auf die entsprechende Größe schneiden bzw. den Blätterteig hauchdünn ausrollen und der Form entsprechend ausschneiden. Zunächst ein Teigblatt in die Form legen, mit Öl bestreichen und dann ein zweites Teigblatt darüber legen. Die Fleischfüllung darauf ausbreiten. Ein weiteres Teigblatt auflegen, mit Öl bestreichen, das letzte Blatt auflegen und ebenfalls mit Öl bestreichen. Die Oberfläche mit kaltem Wasser besprühen.

7 Die Form in den Backofen schieben und die Hühnerpitta in 45 bis 60 Minuten backen, bis sich die Oberfläche goldbraun färbt.

Für 4 Portionen

1 küchenfertiges Huhn, ca. 1 kg
1 Möhre
2 Zwiebeln
2-3 Stängel Petersilie
75 g Rundkornreis
3 Eier
Salz, Pfeffer
6 EL Olivenöl
4 Blatt Filloteig (alternativ Strudelteig oder TK-Blätterteig)

Lauchpitta
Prassópita

Die Lauchpitta ist besonders beliebt auf den Ionischen Inseln. Wir bereiten dieses herzhafte Gebäck immer in einem großen *tapsí* (rundes Blech mit hohem Rand) für viele Personen zu. Das ergibt dann 24 Stücke von etwa 8 x 6 Zentimeter. Hier haben wir die Zutaten einfach halbiert, um für 4 Personen insgesamt 12 Stück zu erhalten. Als Getränk zur Lauchpitta empfehlen wir einen fruchtigen Rosé aus Kephalloniá.

Für 4 Portionen

Für den Teig:
75 g Butter
¼ kg Mehl
2 Eier
Salz, Pfeffer

Für die Füllung:
700 g Lauch
70 g geräucherter Speck
100 g Feta
einige Stängel Petersilie
2 Eier
⅛ l Sahne oder frische Milch
Pfeffer
2 EL Butter
1 EL Sesam

Zum Blindbacken:
Backpapier und Hülsenfrüchte

1 Für den Teig die Butter zerlassen und leicht abkühlen lassen. Das Mehl in eine Schüssel sieben und in die Mitte eine Mulde drücken. Die Eier aufschlagen, mit der Butter verrühren und die Mischung in die Mulde geben. Mit Salz und Pfeffer würzen. Vom Rand her immer mehr Mehl unter die Flüssigkeit mischen, bis ein fester Teig entsteht. Den Teig zu einer Kugel formen, in Folie wickeln und 1 Stunde im Kühlschrank ruhen lassen.

2 Den Backofen auf 200 °C vorheizen. Eine runde Backform von 26 Zentimeter Durchmesser mit Öl bestreichen.

3 Den Teig auf einer bemehlten Arbeitsfläche zu einem etwa 5 Millimeter dicken Fladen ausrollen und so in die Form legen, dass auch der Rand mit bedeckt ist. Den Teig mehrmals mit einer Gabel einstechen, mit Backpapier belegen und die Form mit getrockneten Hülsenfrüchten auffüllen. Die Form in den Backofen geben und den Teig 15 Minuten blindbacken, damit er seine flache Form behält. Die Form herausnehmen, die Hülsenfrüchte und das Papier entfernen.

4 Inzwischen für die Füllung den Lauch putzen, die grünen Blattteile abschneiden, die weißen Stangen waschen und in etwa 5 Zentimeter lange Stücke schneiden. Die Lauchstücke kurz in kochendem Wasser blanchieren, abgießen und abtropfen lassen.

5 Den Speck fein würfeln. Den Käse mit einer Gabel zerdrücken. Die Petersilie waschen, die Blätter von den Stängeln zupfen und klein hacken. Die Eier verquirlen.

6 In einem Topf den Lauch mit Speck, Käse, Petersilie und Sahne oder Milch vermischen und bei geringer Hitze etwa 6 bis 7 Minuten dünsten. Zum Schluss die verquirlten Eier zugeben, mit Pfeffer würzen und die Mischung unter Rühren weitere 1 bis 2 Minuten auf dem Herd lassen, bis sie ein wenig gestockt ist.

7 Die Füllung auf den vorgebackenen Teig geben. Butter in Flöckchen und den Sesam darüber verteilen. Die Pitta etwa 30 Minuten im Backofen backen, bis die Oberfläche etwas Farbe angenommen hat, und noch warm servieren.

Χορτοπιτάκια

Kräutertaschen
Chortopitákia

Im Frühjahr, wenn das Gras aus dem Boden schießt und wilde Blumen ihre bunte Pracht entfalten, fahren viele Griechen am Wochenende raus aus der Stadt. Dann sieht man entlang der Straßenränder viele Autos stehen und nicht weit davon entfernt ihre Besitzer, die, mit Plastiktüten und Messern bewaffnet, dem frischen Grünzeug zu Leibe rücken. Sie sammeln keine Blumensträuße, sondern richten ihr Augenmerk auf die schmackhaften Wildkräuter, die allenthalben um diese Zeit zu finden sind. Sie suchen nach wildem Mangold, Löwenzahn, Portulak, Senfkraut und ähnlichen Kräutern, kurz *chórta* genannt. Später, in der Küche, werden die gesammelten Schätze meist kurz in kochendem Wasser blanchiert und anschließend mit Öl und Zitronensaft angemacht, was vorzüglich zu dem zuweilen leicht bitteren Geschmack der Kräuter und Wildgemüse passt (das Rezept finden Sie auf Seite 47).

Die hier vorgestellten Kräutertaschen werden üblicherweise fast ausschließlich mit solchen Kräutern zubereitet. Man kann aber auch Gärtnergemüse und gewöhnliche Küchenkräuter dazu verwenden: Romana-Salat, Endivien, Spinat, Fenchelkraut, Petersilie und Minze verleihen den Taschen ebenso einen delikaten Geschmack.

Als passendes Getränk dazu empfehlen wir einen fülligen Weißwein aus Santorín oder einen Savatianó aus Attika.

Für 4 Portionen

Für den Teig:
½ kg Mehl
3 EL Olivenöl
1 EL Zitronensaft, Salz

Für die Füllung:
1 kg gemischte Kräuter
(z.B. Spinat, Löwenzahn,
Fenchelkraut,
Petersilie, Minze, Lauch,
junge Frühlingszwiebeln)
12 EL Olivenöl
Salz, Pfeffer

Öl zum Ausbacken

1 Für den Teig das Mehl in eine Schüssel sieben. Das Öl, den Zitronensaft, etwa Salz und so viel kaltes Wasser einrühren, dass ein fester Teig entsteht. Durchkneten und 1 bis 2 Stunden ruhen lassen.

2 Den Teig auf einer bemehlten Arbeitsfläche sehr dünn auswalzen und runde Fladen von der Größe kleiner Untertassen ausschneiden.

3 Für die Füllung die Kräuter bzw. das Gemüse waschen, nach Bedarf putzen und klein schneiden.

4 Das Öl in einem Topf erhitzen, die Kräuter zugeben, salzen und pfeffern. Die Kräuter 10 bis 15 Minuten mit geschlossenem Deckel in der Eigenflüssigkeit dünsten. Wenn die Flüssigkeit zu früh verdunsten sollte, etwas Wasser hinzufügen. Anschließend die Flüssigkeit abgießen, die Kräuter auf einem Sieb abtropfen lassen und fest ausdrücken.

5 Jeweils 1 Esslöffel der Kräuterfüllung in die Mitte der runden Fladen setzen. Die Fladen in der Mitte falten, so dass sich halbkreisförmige Taschen ergeben. Mit einer Gabel die Ränder fest zusammendrücken, damit keine Füllung austreten kann.

6 In einer hohen Pfanne so viel Öl erhitzen, dass die Taschen darin schwimmen können. Die Teigtaschen portionsweise einlegen und goldbraun ausbacken. Herausheben und auf Küchenpapier abtropfen lassen.

Pittas

Käsetaschen
Tiropitákia

Tiropitákia werden in Griechenland überall dort angeboten, wo sich viele Menschen aufhalten. Schon morgens auf dem Weg zur Arbeit kaufen sie sich diese Käsetaschen, um mittags den größten Hunger damit zu stillen. Die hier beschriebenen Käsetaschen sind jedoch viel kleiner und dienen eher als Appetithäppchen für ein abendliches Ereignis oder als *mesé* zum Ouzo. Am besten sind sie frisch aus der Pfanne, sie schmecken aber auch kalt sehr lecker.

1 Für den Teig das Mehl in eine Schüssel sieben und leicht salzen. Die Eier, das Öl und so viel kaltes Wasser einrühren, dass ein fester Teig entsteht. Den Teig gut durchkneten und 1 bis 2 Stunden ruhen lassen.
2 Für die Füllung die Kartoffel waschen, weich kochen, pellen und noch heiß durch eine Kartoffelpresse drücken oder mit einer Gabel zerdrücken.
3 Den Kefalotiri oder Pecorino fein reiben. Den Feta mit einer Gabel zerkrümeln. Die Eier in eine Schüssel aufschlagen, kurz verrühren und beide Käsearten sowie die Kartoffelmasse untermischen. Mit Salz, Pfeffer und etwas Muskatnuss würzen.
4 Den Teig auf einer bemehlten Arbeitsfläche dünn auswalzen und runde Fladen von der Größe einer kleinen Untertasse ausschneiden.
5 Auf jeden Teigfladen 1 Esslöffel Füllung in die Mitte setzen und etwas ausbreiten. Den Teig in der Mitte falten und so über die Füllung schlagen, dass Halbkreise entstehen. Mit der Gabel die Ränder fest zusammendrücken, damit keine Füllung austreten kann.
6 In einer hohen Pfanne so viel Öl erhitzen, dass die Taschen darin schwimmen können. Die Teigtaschen portionsweise einlegen und im Öl goldbraun ausbacken. Herausheben und vor dem Servieren auf Küchenpapier etwas abtropfen lassen.

Für 4 Portionen

Für den Teig:
1/2 kg Mehl, Salz
2 Eier
3 EL Olivenöl

Für die Füllung:
1 mehlig kochende Kartoffel, ca. 100 g
100 g Kefalotiri (alternativ Pecorino)
200 g Feta
4 Eier
Salz, Pfeffer, Muskatnuss

Öl zum Ausbacken

Käseecken
Tiropitákia me sfoliáta

Diese Käseecken sind ein beliebter Snack. Neben den reinen Käseecken gibt es unzählige Variationen mit Gemüse. Die Blätterteigtaschen werden überall in den Städten von Straßenhändlern angeboten und im Stehen verzehrt.

Für 4 Portionen

100 g Feta
180 g Graviera oder Kefalotiri (alternativ Gruyère oder Pecorino)
einige Stängel Minze
2 Eier
2-3 EL Milch
1 EL Olivenöl
Pfeffer, Muskatnuss
100 g Butter
1 Paket Filloteig, 400 g

Zum Bestreichen:
1 Eigelb
100 ml Milch

1 Für die Füllung den Feta mit einer Gabel zerdrücken und den anderen Käse fein reiben. Die Minze waschen, abtropfen lassen, die Blätter von den groben Stängeln zupfen und fein hacken.

2 Beide Käsearten und die Minze in einer Schüssel mit den Eiern vermischen, dabei wenig Milch und das Öl unterrühren, um die Masse geschmeidig zu machen. Mit Pfeffer und etwas Muskatnuss würzen.

3 Die Butter in einem Töpfchen zerlassen.

4 Den Teig in Streifen von je 15 x 20 Zentimeter schneiden und mit zerlassener Butter einpinseln. Die Teigstreifen der Länge nach zusammenfalten, so dass eine doppelte Teiglage von 20 Zentimeter Länge entsteht. Um die Teigtaschen zu formen je 1 Teelöffel Füllung auf die rechte untere Ecke des Streifens geben. Diese Ecke diagonal zum linken Rand hin über die Füllung klappen, sodass am Streifenende ein Dreieck entsteht. Den ganzen Teigstreifen nun bis zum Ende abwechselnd von links nach rechts falten; dabei nach jeder Faltung den übergeschlagenen Teig mit zerlassener Butter bestreichen.

5 Den Backofen auf 200 °C vorheizen. Das Eigelb mit der Milch verrühren und die Oberflächen der Teigtaschen damit einpinseln. Anschließend die Käseecken für 15 Minuten im Kühlschrank ruhen lassen.

6 Ein Backblech mit ein wenig Wasser besprühen, die Käseecken auflegen und die restliche Butter auf ihnen verteilen. Die Teigtaschen etwa 30 Minuten backen, bis sie goldgelb sind.

Variante: Statt Filloteig können Sie auch TK-Blätterteig verwenden: Die Teigplatten aus der Packung nehmen und nebeneinander auf eine Arbeitsfläche zum Auftauen legen. Anschließend die Blätterteigplatten auf einer leicht bemehlten Arbeitsfläche sehr dünn ausrollen und dabei darauf achten, dass der Teig nicht in ständig wechselnden Richtungen gerollt wird, sonst zieht er sich ungleichmäßig wieder zusammen.
Anschließend die Füllung wie oben beschrieben zubereiten und die Teigtaschen entsprechend der Anweisung in Step 4 falten. Vor dem Backen können Sie die Teigtaschen auch mit Sesam bestreuen.

Τυρόπιτα χωρίς φύλλο

Käsefladen

Tirópita chorís phíllo

Für 4-6 Portionen

3 Eier
½ l lauwarme Milch
½ kg Mehl
375 g Feta
6 EL Olivenöl
1 TL Natron
Pfeffer
Semmelbrösel

1 Die Eier in einer Schüssel verquirlen und unter Rühren die Milch einlaufen lassen. Nach und nach das Mehl unterrühren.

2 Den Käse mit einer Gabel zerdrücken und mit etwa 4 Esslöffel Öl, Natron und Pfeffer verrühren. Diese Mischung unter den Teig ziehen und alles so lange verrühren bis eine homogene Masse entsteht.

3 Den Backofen auf 200 °C vorheizen. Eine feuerfeste runde Form von 28 Zentimeter Durchmesser mit etwas Öl bestreichen und mit Semmelbröseln ausstreuen.

4 Die Masse in die Form gießen und gleichmäßig verteilen. Die Oberfläche mit dem restlichen Öl bestreichen. Die Form in den Backofen stellen und den Fladen in etwa 45 Minuten goldbraun backen.

Κολοκυθόπιτα χωρίς φύλλο

Zucchiniauflauf ohne Teigboden

Kolokithópita chorís phíllo

Für 4 Portionen

½ kg Zucchini
Salz
150 g Feta
2 Eier
ca. ¼ kg Mehl
6 EL Olivenöl

1 Die Zucchini waschen, putzen und klein reiben. Die Zucchiniraspel salzen, in ein Sieb geben und 1 Stunde ruhen lassen, damit sie Wasser ziehen können und dieses abtropfen kann.

2 Die nassen Zucchiniraspel mit den Händen fest ausdrücken, in ein sauberes Tuch legen und dieses so lange zusammendrehen, bis alle Flüssigkeit vollends ausgetreten ist. Die trockene Zucchinimasse in eine Schüssel geben.

3 Den Käse mit einer Gabel zerdrücken. Die Eier verquirlen und zusammen mit dem Käse unter die Zucchiniraspel rühren.

4 So viel Mehl nach und nach einrühren, bis sich der Teig formen lässt und fest bleibt.

5 Den Backofen auf 180 °C vorheizen. Etwas Öl auf dem Boden eines Backblechs erhitzen und die Masse darauf gleichmäßig verteilen. Mit dem restlichen Öl bestreichen.

6 Das Backblech in den Ofen schieben und den Zucchiniauflauf in etwa 45 Minuten backen, bis er eine goldgelbe Farbe angenommen hat.

Σπανακόπιτα
Spinatpitta
Spanakópita

Spinatpitta schmeckt frisch aus dem Ofen unwiderstehlich gut, doch auch im kalten Zustand findet sie ihre Liebhaber. Griechen schmieren sich kein Butterbrot, wenn sie auf Reisen, Wanderungen oder ins Büro gehen, sondern nehmen sich eine Pitta mit.
Spinat ist in Griechenland generell sehr beliebt, wobei man dort nur den grobstieligen mit den großen Blättern kennt.

1 Den Spinat unter fließendem kaltem Wasser gut waschen, die Blätter von den groben Stielen zupfen und in kleine Stücke zerreißen. Den Spinat zwischen den Händen reiben, damit der leicht bittere Spinatsaft ausgedrückt wird und in eine große Schüssel geben.
2 Den Käse fein reiben oder mit einer Gabel zerdrücken.
3 In einer Schüssel die Eier schaumig rühren und zusammen mit dem Käse unter den Spinat mischen. Mit Pfeffer würzen.
4 Den Backofen auf 180 °C vorheizen. Eine rechteckige Backform mit Öl ausfetten. Vom Fillo- oder Strudelteig bzw. vom hauchdünn ausgerollten Blätterteig ein Teigblatt so einlegen, dass auch der Rand mit Teig bedeckt ist. Mit Öl bespinseln und das zweite Blatt auflegen.
5 Die Spinatmasse gleichmäßig darauf verteilen und den überstehenden Teigrand über die Füllung nach innen klappen. Das dritte Teigblatt auflegen und mit Öl bestreichen, das vierte Blatt auflegen und ebenfalls mit Öl einpinseln.
6 Die Spinatpitta im Ofen etwa 1 Stunde backen, bis die Oberfläche Farbe angenommen hat.

Für 4 Portionen

1 kg grobblättriger Spinat
200 g Feta
3 Eier
Pfeffer
4 EL Olivenöl
4 Blatt Filloteig (alternativ: Strudelteig oder TK-Blätterteig)

Pittas | 61

Σούπες και σάλτσες
Suppen und Saucen
Soúpes ke sáltses

Suppen werden in Griechenland nur in der kalten Jahreszeit gegessen. Dann sorgen sie gehaltvoll und wärmend für Wohlbefinden. Meist kommen sie als Hauptgericht auf den Tisch, selten als Vorspeise. Kulinarisch bemerkenswert ist, dass sich ihre Flüssigkeit aus den Zutaten ergibt, der Zusatz von Brühe erfolgt selten. Ähnliches gilt auch für griechische Saucen: Selten entstehen sie aus Sud oder Brühe und schon gar nicht aus Einbrenne.

Wer im Sommer auf den Dächern der kubusförmigen Inselhäuser ausgebreitete Leintücher sieht, wird Zeuge alter Tradition: Darauf wird *trachanás*, eine aus Joghurt, Mehl, Eiern und Milch hergestellte nudelförmige Suppeneinlage tagelang unter der heißen Sonne getrocknet, um sie für den Winter haltbar zu machen.

Μαγειρίτσα
Ostersuppe
Majirítsa

Streng genommen ist in der griechischen Küche dieses Gericht nur einmal im Jahr vorgesehen, und zwar am Karsamstag. Mit ihrem Verzehr endet die Fastenzeit. Am Morgen des Karsamstags werden die jungen und nach frischen Kräutern duftenden Lämmer für das Ostermahl geschlachtet und die Innereien müssen schnell verarbeitet werden. Die Suppe wird serviert, wenn die Familie mit der brennenden Osterkerze von der Auferstehungsfeier nach Mitternacht nach Hause kommt. Außer Brot und Ostereiern gibt es nichts dazu. Bei uns wird die *majirítsa* häufiger im Jahr gekocht, vor allem wenn wir ein Fest feiern und mehrere Leute erwarten.

Für 4-6 Portionen

½ kg Gedärm vom Lamm
ca. ½ l Essig
Innereien von 1 Lamm, ca. ½ kg
(Leber, Milz, Nieren, Herz)
2 Bund Frühlingszwiebeln
1 Bund Petersilie
1 Bund Dill
einige Blätter Romana-Salat
12 EL Olivenöl
Salz, Pfeffer
75 g Reis
2 Eier
Saft von 2 Zitronen

1 Die Därme mit einer Schere längs aufschneiden und äußerst sorgfältig unter fließendem kaltem Wasser waschen. Die Därme in eine Schüssel legen, vollständig mit Essig bedecken und 1 Stunde ziehen lassen.

2 Inzwischen die Innereien sorgfältig säubern. Dafür – falls nicht vom Metzger schon gemacht – die Leber häuten, von den Nieren die Röhren und die weiße Haut sowie vom Herz mögliche Blutreste entfernen. Alles unter fließendem kaltem Wasser reinigen und in einen Topf geben. Etwa 1 ¾ Liter lauwarmes Wasser angießen, sodass die Innereien mehr als bedeckt sind, zum Kochen bringen und den aufsteigenden Schaum wiederholt abschöpfen. Die Innereien etwa 15 Minuten kochen. Herausheben und klein hacken. Die Brühe beiseite stellen.

3 Das Essigbad von den Därmen abgießen. Die Därme in die Brühe der Innereien geben, zum Kochen bringen, falls nötig den aufsteigenden Schaum abschöpfen, und 15 Minuten kochen. Die Brühe in einen sauberen Topf abgießen und zur Seite stellen. Die Därme mit der Schere oder einem scharfen Messer in kleinste Stücke schneiden.

4 Frühlingszwiebeln, Petersilie, Dill und Salatblätter waschen, nach Bedarf putzen und Petersilie und Dill von den Stielen zupfen. Alles möglichst fein hacken.

5 Das Öl in einem großen Topf erhitzen und die Frühlingszwiebeln darin kurz anbraten. Gehackte Kräuter und Salatblätter dazugeben und kurz mitdünsten. Die zerkleinerten Innereien und Därme einlegen und mit einem Holzlöffel untermischen. Die zur Seite gestellte Brühe (es sollten etwa 1 ½ Liter sein) darüber gießen, so dass alles gut bedeckt ist. Salzen, pfeffern und bei geringer Hitze 20 Minuten kochen lassen.

6 Den Reis in den Topf geben und alles weitere 20 Minuten köcheln lassen.

7 In einer Schüssel die Eier mit einem Schneebesen verquirlen. Löffelweise nach und nach den Zitronensaft unter Rühren dazugießen. Etwas heiße Brühe unter ständigem Rühren einlaufen lassen. Das Zitronen-Ei-Gemisch kurz vor dem Servieren in die Suppe geben und ein wenig andicken lassen; die Suppe darf aber nicht mehr kochen!

8 Die Suppe mit frischem Weißbrot servieren.

Κότα σούπα αυγολέμονο
Hühnersuppe mit Zitronensauce
Soúpa me avgolémono

Weil Hühnersuppe sehr bekömmlich ist, war sie früher besonders Kranken und Schwangeren vorbehalten. Doch dank ihrer feinen Würzung mit der in Griechenland so beliebten Mischung aus Ei und Zitronensaft dient sie auch als Festtagsessen.

1 Das Huhn unter fließendem kaltem Wasser innen und außen waschen, in einen Topf setzen und mit kaltem Wasser bedeckt zum Kochen bringen. Die Hitze reduzieren, das Huhn etwa 20 Minuten köcheln lassen und dabei wiederholt den Schaum abschöpfen.
2 Falls vorhanden, die Innereien (Herz, Magen, Leber) säubern. Die Möhren und das Selleriegrün waschen, putzen und in grobe Stücke teilen. Die Zwiebel schälen und halbieren. Alle Zutaten zum Huhn geben, salzen, pfeffern und etwa 1 Stunde mitköcheln.
3 Das gegarte Huhn herausheben, leicht abkühlen lassen, häuten, das Fleisch von den Knochen lösen, in mundgerechte Stücke schneiden und warm stellen.
4 Das Gemüse und die Innereien aus dem Topf nehmen, fein hacken oder im Mixer zerkleinern und wieder in den Topf mit der Hühnersuppe geben.
5 Den Reis in die Suppe geben und bei geringer Hitze etwa 20 Minuten kochen, bis er weich ist.
6 Die Eier in einer Schüssel verquirlen. Tropfenweise den Zitronensaft unter Rühren einlaufen lassen. Etwas heiße Brühe unter Rühren zugießen. Den Herd abschalten, die Mischung in die heiße Suppe rühren und diese etwas andicken lassen; sie darf aber nicht mehr kochen!
7 Die Fleischstücke entweder wieder in die Suppe geben oder auf einer vorgewärmten Platte servieren, damit sich jeder selbst bedienen kann.

Für 4-6 Portionen

1 küchenfertiges Suppenhuhn, ca. 1,2 kg, wenn möglich mit den Innereien
2 Möhren
2 Stängel Schnittsellerie oder Blätter vom Knollensellerie
1 große Zwiebel
Salz, Pfeffer
75 g Rundkornreis
2 Eier
Saft von 1 Zitrone

Suppen und Saucen | 65

Fischsuppe
Psarósoupa

Es könnte sein, dass Sie alle französischen Fischsuppen vergessen, wenn Sie das griechische Rezept einmal zubereitet haben. Wir jedenfalls würden niemals tauschen wollen. Es kommt auch nicht darauf an, alle hier genannten Fischarten zu bekommen. Man kann bei dieser Suppe relativ flexibel verfahren. Wichtig ist, dass es Fische verschiedener Art – und damit auch unterschiedlicher Größe – sind, um einen vollmundigen Geschmack zu erhalten.

Für 4 Portionen

1 kg gemischter Fisch zum Kochen (Rotbarsch, Kopf vom Seeteufel, Kabeljau, Meeräschen)
2 Möhren
2 Zucchini
½ Bund Petersilie
2 Blätter Schnittsellerie (alternativ Blätter vom Knollensellerie)
2 kleine Zwiebeln
1-2 Tomaten
2 Kartoffeln
3 EL Olivenöl
Salz
50 g Langkornreis
2 Eier
Saft von 2 Zitronen
Pfeffer

1 Die Fische je nach Bedarf schuppen, ausnehmen, die Kiemen aus den Köpfen entfernen und die Fische unter fließendem kaltem Wasser waschen, bis das abfließende Wasser klar ist. Köpfe und Gräten (Karkassen) auf keinen Fall entfernen, da sie für die Suppe besonders gehaltvoll sind. Große Fische in 2 oder 3 Stücke schneiden.

2 Die Möhren und Zucchini waschen, putzen und in Scheiben schneiden. Die Petersilie waschen, die Blätter von den Stängeln zupfen und hacken. Die Sellerieblätter waschen und grob hacken. Die Zwiebeln schälen und grob würfeln. Die Tomaten mit heißem Wasser überbrühen, häuten, den Stielansatz und die Kerne entfernen und das Fruchtfleisch grob würfeln. Die Kartoffeln waschen, schälen und in große Stücke schneiden.

3 Das Gemüse in einen großen Topf geben und mit Wasser bedecken, das Öl und etwas Salz zugeben. Den Topfinhalt zum Kochen bringen und bei geringer Hitze 15 Minuten köcheln lassen.

4 Die Fische zugeben und 10 bis 15 Minuten in der Suppe ziehen lassen. Inzwischen den Backofen auf 60 °C vorheizen.

5 Die Fische aus dem Topf heben, die Köpfe und Gräten entfernen und das Fischfleisch auf eine vorgewärmte Servierplatte legen. Die Flüssigkeit durch ein Sieb in einen anderen Topf abgießen und das Gemüse – bis auf 2 Esslöffel Möhren, 2 Esslöffel Zucchini und 3 Kartoffelstücke – um die Fischstückchen herum auf der Servierplatte anrichten; alles mit Alufolie zudecken und im Backofen warm halten.

6 Das restliche Gemüse im Mixer zerkleinern und in die aufgefangene Brühe rühren.

7 Die Suppe wieder auf den Herd stellen, den Reis zufügen und 20 Minuten bei geringer Hitze köcheln lassen.

8 Inzwischen die Ei-Zitronen-Sauce zubereiten. Dafür die Eier in einer kleinen Schüssel verrühren und tropfenweise den Zitronensaft zufügen. Anschließend löffelweise etwas heiße Fischbrühe vorsichtig unter ständigem Rühren in die Zitronensauce einrühren. Die Sauce in die Suppe rühren und diese nicht mehr aufkochen lassen. Mit Pfeffer würzen.

9 Die Platte mit den Fischen und dem Gemüse aus dem Backofen nehmen und mit der Suppe auf den Tisch stellen. So kann jeder selbst etwas Fisch und Gemüse in seine Suppe geben.

Suppen und Saucen

Χορτόσουπα
Gemüsesuppe
Chortósoupa

Für 4 Portionen

1 Zwiebel oder
2 Frühlingszwiebeln
2 Möhren
1 große Kartoffel
2 Tomaten
3 Zucchini
2 Zweige Selleriegrün
Salz, Pfeffer
1 EL Olivenöl

1 Die Zwiebel schälen bzw. die Frühlingszwiebeln putzen und fein hacken. Die Möhren und die Kartoffeln waschen, schälen und in Würfel schneiden.

2 Die Tomaten mit heißem Wasser überbrühen, häuten, die Stielansätze und die Kerne entfernen und das Fruchtfleisch grob würfeln. Die Zucchini waschen, putzen und in dünne Scheiben schneiden.

3 Das Selleriegrün waschen, die Blätter von den Stängeln zupfen und klein hacken.

4 Die vorbereiteten Zutaten in einem Topf mit etwa 1 ½ Liter Wasser bedecken, zum Kochen bringen und alles bei geringer Hitze 15 Minuten köcheln lassen.

5 Die Brühe durch ein feines Sieb in einen zweiten Topf abseihen. Das Gemüse im Mixer kurz pürieren und zurück in die Brühe geben. Die Suppe unter Rühren nochmals aufkochen. Salzen, pfeffern und das Öl einrühren.

6 Die Suppe mit frischem Weißbrot servieren.

Φασολάδα
Bohnensuppe
Fasoláda

Die Bohnensuppe gehört zu den klassischen Wintergerichten Griechenlands. Sie schmeckt nicht nur grandios, sie sättigt auch und wärmt den Körper. Wir essen sie besonders gern im Spätherbst nach der Arbeit während der Olivenernte oder nach einer Wanderung im Gebirge. Und dazu gibt es bei uns geräucherten Hering.

Für 4 Portionen

600 g getrocknete weiße
Bohnenkerne
1 große Zwiebel
2 Möhren
60 g Sellerieknolle
1 Stängel Petersilie
3 EL Olivenöl
400 g Tomaten (aus der Dose)
1 EL Tomatenmark
Salz, Pfeffer

Außerdem:
2 geräucherte Heringe

1 Die Bohnen mit kaltem Wasser bedecken und über Nacht einweichen. Am nächsten Tag das Einweichwasser abgießen, die Bohnen kurz abspülen und abtropfen lassen.

2 Die Zwiebel abziehen und in Würfel schneiden. Die Möhren schälen und in dünne Scheiben schneiden. Den Sellerie nach Bedarf noch putzen und würfeln. Die Petersilie waschen, die Blätter von dem Stängel zupfen und klein hacken.

3 In einem großen Topf das Öl erhitzen und die Zwiebel darin anbraten. Möhren und Sellerie zugeben und kurz mitbraten. Die Petersilie zufügen.

4 Die Bohnen untermischen. Die Tomaten mit ihrer Flüssigkeit sowie das Tomatenmark einrühren. Alles mit Wasser bedecken, salzen und pfeffern.

5 Den Topfinhalt bei sehr geringer Hitze und ohne umzurühren köcheln lassen, bis die Bohnen weich sind; das kann 1 Stunde oder länger dauern, je nach Bohnengröße.

6 Die Heringe enthäuten, entgräten und die Filets separat zur Suppe servieren.

Suppen und Saucen

Φακές σούπα
Linsensuppe
Fakés soúpa

Diese schlichte, aber feine Suppe wird im Winter warm und im Sommer kalt verzehrt. Durch die Zugabe von Kartoffeln ist sie besonders gehaltvoll.

Für 4 Portionen

1 Die Linsen in einem Sieb unter kaltem Wasser waschen und abtropfen lassen. In einem Topf mit kaltem Wasser bedeckt aufkochen, die Hitze reduzieren und die Linsen etwa 15 Minuten köcheln lassen. Anschließend abgießen und abtropfen lassen.

2 Die Zwiebeln schälen und klein hacken. Die Kartoffeln schälen und klein würfeln. Die Salatblätter waschen und klein schneiden.

3 In einem großen Topf das Öl erhitzen und die Zwiebeln andünsten. Die Linsen, die Kartoffeln, den Salat, die ungeschälten Knoblauchzehen und das Tomatenmark zugeben. Mit Salz, Pfeffer und Koriander würzen und alles mit Wasser bedecken.

4 Den Topfinhalt aufkochen und alles zugedeckt bei geringer Hitze 30 bis 40 Minuten köcheln lassen, bis die Linsen weich sind. Bei Bedarf noch etwas Wasser nachgießen.

5 Kurz vor dem Ende der Kochzeit nach Geschmack mit Essig würzen.

300 g Linsen
2 Zwiebeln
2 festkochende Kartoffeln
einige Blätter Romana-Salat
6 EL Olivenöl
4 Knoblauchzehen in der Schale
1 EL Tomatenmark
Salz, Pfeffer
1 EL gemahlener Koriander
1-2 EL Weinessig

Πατσάς
Kuttelsuppe
Patsás

Patsatsídiko nennt man die Lokale in Thessaloníki, die meist bis zum frühen Morgen geöffnet haben, da sie erst spät in der Nacht von Gästen aufgesucht werden. Diese wunderbare Suppe ist ein Magentrost für alle Nachtbummler, die dem Alkohol zu sehr zugesprochen haben. Kutteln sind die Vormägen von Wiederkäuern. Sie werden vorgegart verkauft und sollten sauber und weiß sein. Dennoch muss man sie noch waschen und blanchieren.

Für 4 Portionen

1 Die Knoblauchzehen abziehen, in einem Mörser zerreiben oder durch eine Knoblauchpresse drücken, in den Essig rühren und 1 Stunde ziehen lassen.

2 Die Kutteln und die Kalbsfüße unter fließendem kaltem Wasser bürsten, in kochendem Salzwasser blanchieren, abgießen und erneut waschen. Die Kutteln in fingerbreite Streifen schneiden, mit den Kalbsfüßen in einem Topf mit Wasser bedeckt aufkochen.

3 Die Zwiebeln schälen und zugeben. Salzen und pfeffern. 1 bis 1 ½ Stunden kochen, bis sich das Fleisch der Kalbsfüße leicht von den Knochen lösen lässt.

4 Die Brühe in einen anderen Topf abgießen, das Fleisch von den Knochen lösen und zusammen mit den Kutteln in die Brühe zurückgeben, noch 10 Minuten köcheln lassen.

5 Vom Knoblauchessig je nach Geschmack etwas in die Teller geben, bevor die Suppe ausgeschöpft wird.

Für den Knoblauchessig:
3-4 Knoblauchzehen
75 ml Essig

Für die Suppe:
1 ½ kg Kutteln (Pansen vom Lamm oder Rind)
evtl. 2 küchenfertige Kalbsfüße
2 Zwiebeln, Salz, Pfeffer

Kichererbsensuppe
Revíthia

Für 4 Portionen

¼ kg ungeschälte Kichererbsen
1 Msp. Natron
2 kleine Zwiebeln
4 EL Olivenöl
Salz, Pfeffer
1 EL Mehl
Saft von 1 Zitrone

Außerdem:
2 geräucherte Heringe oder
einige geräucherte Sardinen
einige Oliven
in Essig eingelegte
Paprikaschoten

1 Die Kichererbsen am Abend zuvor in kaltem Wasser mit wenig Natron einweichen. Am nächsten Tag das Wasser wegschütten und die Kichererbsen in einem Sieb unter fließendem kaltem Wasser abspülen.

2 Die Zwiebeln schälen und grob würfeln. Das Öl in einem großen Topf erhitzen und die Zwiebeln darin andünsten.

3 Die Kichererbsen in den Topf geben und etwa 10 Minuten mitdünsten. Mit kaltem Wasser bedecken und mit Salz und Pfeffer würzen. Zugedeckt knapp 1 Stunde bei geringer Hitze köcheln lassen.

4 In der Zwischenzeit das Mehl in den Zitronensaft rühren bis es sich aufgelöst hat und keine Klümpchen mehr bildet.

5 Den Zitronensaft in die Suppe rühren und den Topf sofort vom Herd nehmen.

6 Dazu geräucherten Hering bzw. Sardinen sowie Oliven und in Essig eingelegte Paprikaschoten auf einem Extrateller servieren.

Knoblauchsauce
Sáltsa skórdou

Diese würzige Sauce schmeckt besonders gut zu gebratenem oder gegrilltem Fisch oder Fleisch.

Für ca. ¼ l Sauce

1 Scheibe altbackenes
Brot, ca. 30 g
5 Knoblauchzehen
Salz
12 EL Olivenöl
Saft von 1 Zitrone

1 Das Brot entrinden und etwa 10 Minuten in lauwarmem Wasser einweichen. Das Wasser abgießen und das Brot fest mit der Hand ausdrücken.

2 Den Knoblauch abziehen, grob zerteilen und in einem Mörser mit etwas Salz zu einem feinen Brei zerstampfen. Die Knoblauchpaste unter das Brot mischen.

3 Zunächst das Öl und dann den Zitronensaft unter ständigem Rühren einlaufen lassen und alle Zutaten zu einer Sauce verrühren.

Σάλτσα αυγολέμονο
Zitronen-Ei-Sauce
Sáltsa avgolémono

Die häufig verwendete Eier-Zitronensaft-Mischung verleiht zahlreichen Gerichten einen wunderbaren säuerlichen Geschmack, etwa den Artischocken à la Polita (siehe Seite 78). Sie dient aber auch zum Legieren von Suppen, die dadurch angenehm sämig werden. Die Menge an verwendetem Zitronensaft ist eine Frage des Geschmacks, wobei natürlich auch der Säuregehalt der Zitronen eine Rolle spielt. Es empfiehlt sich deshalb, immer erst die Hälfte der Sauce dem Gericht zuzugeben und zu kosten.

Für ca. ¼ l Sauce

1-2 Eier
Saft von 2 Zitronen
etwa 10 EL heiße Brühe bzw. Garflüssigkeit des jeweiligen Gerichtes

1 Die Eier mit einem Schneebesen ohne Schaumbildung verrühren. Den Zitronensaft Tropfen für Tropfen einrühren. Nach und nach etwas heiße Brühe unterrühren.
2 Um einem Gerinnen der Sauce vorzubeugen, zunächst nur wenig heiße Brühe einrühren. Erst dann die Zitronen-Ei-Sauce mit der vorgesehenen Speise vermischen. Aber Achtung: Die Sauce darf nicht über 60 °C erhitzt werden, da sie sonst gerinnt!

Σάλτσα μπεσαμέλ
Béchamelsauce
Sáltsa besamél

Béchamelsauce findet vor allem bei der Zubereitung von Aufläufen wie *moussakás* (Rezept Seite 86) oder *pastítsio* (siehe Seite 118) Verwendung. Sie wird über die Aufläufe verteilt, bevor diese in den Backofen kommen und verleiht ihnen einen zarten Schmelz. Die Oberflächen der Aufläufe sollten am Ende der Backzeit goldgelb gebräunt sein.

Für ca. 400 ml Sauce

3 EL Butter
3 EL Mehl
450 ml lauwarme Milch
Muskatnuss
Salz, Pfeffer

1 Die Butter in einem kleinen Topf schmelzen lassen. Sobald sie anfängt aufzuschäumen, das Mehl einsieben und dabei ständig mit einem Schneebesen rühren. Bei mittlerer Hitze 2 bis 3 Minuten rühren, ohne dass das Mehl Farbe annimmt.
2 Die Milch nach und nach unter ständigem Rühren zugießen und darauf achten, dass sich keine Klümpchen bilden und eine feste, glatte Sauce entsteht. Einige Minuten bei geringer Hitze unter Rühren köcheln lassen.
3 Etwas Muskatnuss hineinreiben, salzen, pfeffern und weitere 5 Minuten unter Rühren köcheln lassen.
4 Die fertige Béchamelsauce sofort verwenden.

Joghurtsauce
Sáltsa jaourtioú

Joghurtsauce wird gern zu gebackenem und gebratenem Gemüse, wie zum Beispiel Zucchini und Auberginen (siehe Seite 26), sowie zu Garnelen und Muscheln gegessen.

Für ca. 150 ml Sauce

1 Den Knoblauch abziehen, grob zerteilen und in einem Mörser zerreiben bzw. durch eine Knoblauchpresse drücken.
2 Den Joghurt mit dem Öl verrühren, salzen und pfeffern.
3 Den Knoblauch unter den gewürzten Joghurt mischen und die Sauce vor dem Verzehr etwa 30 Minuten durchziehen lassen.

2 Knoblauchzehen
120 g stichfester Joghurt
2 EL Olivenöl
Salz, Pfeffer

Tomatensauce
Sáltsa domátas

Dieses Rezept stammt von den Sporaden-Inseln. Die Tomatensauce wird gern zu Spaghetti, Bratkartoffeln, gerösteten Auberginen, Spiegeleiern oder gebratenem Fleisch gegessen. Die Sauce hält sich eine Woche im Kühlschrank, sofern sie mit Öl bedeckt in einem verschließbaren Glas aufbewahrt wird. Vor der Verwendung die Sauce einfach wieder aufwärmen.

Für ca. 3/4 l Sauce

1 Die Tomaten mit heißem Wasser überbrühen, häuten, die Stielansätze und Kerne entfernen und das Fruchtfleisch grob würfeln. Die Paprika waschen, vierteln, Stielansatz, Kerne und Trennwände entfernen und das Fruchtfleisch fein würfeln.
2 In einer Pfanne 1 Esslöffel Öl bei mittlerer Temperatur erwärmen und die Tomatenwürfel darin andünsten. Nach 5 Minuten die Paprikawürfel zugeben, mit Salz und Pfeffer würzen und alles unter gelegentlichem Umrühren etwa 20 bis 30 Minuten köcheln lassen, bis die Flüssigkeit fast ganz verdunstet ist.
3 Das restliche Olivenöl dazugeben und die Tomatensauce leicht anrösten.

1 1/2 kg reife Tomaten
1 grüne Paprika
5 EL Olivenöl
Salz, Pfeffer

Variante: Mit Zwiebeln, Knoblauch und Petersilie
1 Die Tomaten heiß überbrühen, häuten, die Stielansätze und Kerne entfernen und das Fruchtfleisch fein würfeln. Zwiebel und Knoblauch abziehen und sehr fein hacken.
2 Das Öl in einem Topf erhitzen, Zwiebel und Knoblauch kurz andünsten. Die Tomatenwürfel zugeben, mit Salz, Pfeffer, Zucker und Essig würzen, umrühren und zugedeckt etwa 45 Minuten köcheln lassen, bis eine dickliche Sauce entstanden ist.
3 Die Petersilie waschen, die Blättchen von den Stängeln zupfen, fein hacken und zum Schuss unter die Sauce mischen.

Für die Variante:
1 1/2 kg reife Tomaten
1 Zwiebel
2 Knoblauchzehen
3-4 EL Olivenöl
Salz, Pfeffer
1 TL Zucker
1/2 EL Essig
4-5 Stängel Petersilie

Suppen und Saucen

Λαδερά
Gemüse
Laderá

Griechenland ist aus kulinarischer Sicht ein lohnendes Urlaubsziel für alle, die gerne viel Gemüse essen. Das reichhaltige Angebot an sonnengereiftem Gemüse und der Fleischverzicht während der durch die orthodoxe Kirche vorgeschriebenen Fastenzeiten haben eine Fülle entsprechender Rezepte hervorgebracht.

Gemüse ist in der griechischen Küche selten Beilage, meist kommt es als Hauptgericht auf den Tisch. Was alle Gemüserezepte miteinander verbindet ist das wunderbar würzige Olivenöl, mit dem sie zubereitet werden. Deshalb heißen diese Gerichte in Griechenland *laderá*, was soviel wie „in Öl Zubereitetes" bedeutet. Das Olivenöl wertet mit seinem feinen Aroma die griechische Gemüseküche nicht nur geschmacklich auf, sondern macht sie auch besonders gesund. Nicht umsonst also haben Gemüsegerichte im Rahmen der so genannten Mittelmeerdiät einen hohen Stellenwert.

Bohnengemüse
Fasólia

Φασόλια

Dieses Gericht ist ein typisches Sommeressen, denn nur in dieser Jahreszeit gibt es die zarten frischen Bohnen. Vor allem in der Fastenzeit vor „Maria Himmelfahrt" am 15. August wird Bohnengemüse viel gegessen. Allerdings muss man dann auf den Speck verzichten, denn während dieser Zeit darf keinerlei Fleisch verzehrt werden. Viele Griechen lieben dieses Gericht auch lauwarm oder gar kalt, weil es so auch bei großer Hitze bekömmlich ist und den Kreislauf nicht belastet.

Für 4 Portionen

800 g grüne Bohnen
1 Zwiebel
80 g Räucherspeck
2 kleine Möhren
2 Knoblauchzehen
1 Bund Petersilie
½ kg reife Tomaten
8 EL Olivenöl
Salz, Pfeffer, Thymian

1 Die Bohnen waschen, die Enden abschneiden, die Fäden entfernen und größere Bohnen nach Bedarf halbieren. Die Zwiebel schälen und fein hacken. Den Speck in feine kurze Streifen schneiden. Die Möhren waschen, putzen und in Scheiben schneiden. Den Knoblauch abziehen und in einem Mörser zerdrücken oder durch eine Knoblauchpresse drücken. Die Petersilie waschen, die Blätter von den Stängeln zupfen und fein hacken. Die Tomaten mit heißem Wasser überbrühen, häuten, die Stielansätze und Kerne entfernen und das Fruchtfleisch würfeln.

2 Das Öl in einem schweren Topf erhitzen und die Zwiebel darin glasig werden lassen. Den Speck zufügen und kurz mitbraten. Möhren, Knoblauch und Petersilie zugeben und unter Rühren etwa 5 Minuten lang andünsten.

3 Die Bohnen und die Tomatenstücke zugeben, alles mit Salz, Pfeffer und Thymian würzen und den Topf sofort zudecken.

4 Bei mittlerer Hitze 30 bis 45 Minuten köcheln lassen und dabei immer wieder umrühren; sollte nach einiger Zeit nicht mehr genügend Flüssigkeit vorhanden sein, nur wenig Wasser zugeben. Die Bohnen sollen aber eigentlich nur im Öl und der Schmorflüssigkeit garen.

Gemüse

Gemüseeintopf
Briám (Tourloú-tourloú)

Die Bezeichnung *tourloú* ist türkischer Herkunft und bedeutet so viel wie Durcheinander. Der Eintopf, der im fruchtbaren Makedonien besonders beliebt ist, besteht tatsächlich aus dem Gemüse, das der Garten in der jeweiligen Jahreszeit und Region hergibt. Hier ein Rezeptvorschlag, den Sie natürlich je nach Marktangebot abwandeln können. Dazu isst man Feta und Weißbrot. Als Wein empfehlen wir einen leichten Rosé aus Dráma oder Gouménissa.

1 Die Auberginen und Zucchini waschen, putzen, in große Würfel schneiden und in einer Schüssel vermischen. Das Gemüse kräftig salzen und 1 bis 2 Stunden stehen lassen, damit es Wasser ziehen kann. Anschließend in einem Sieb unter fließendem Wasser abspülen und mit der Hand ausdrücken. Dadurch entzieht man den Auberginen nicht nur mögliche Bitterstoffe, sondern macht das Gemüse weicher.

2 Den Backofen auf 180 °C vorheizen. Die Zwiebeln schälen und in Scheiben schneiden. Den Knoblauch abziehen und klein hacken. Die Petersilie waschen, die Blätter von den groben Stängeln zupfen und klein hacken. Kartoffeln und Möhren waschen, schälen und in Scheiben schneiden. Die Tomaten waschen, Stielansätze entfernen, 2 große Tomaten zur Seite legen, die restlichen klein hacken, salzen, pfeffern und mit Oregano würzen.

3 Etwas Öl in eine feuerfeste Form (traditionell wird das *tapsí* verwendet) gießen und die Zwiebelscheiben darauf auslegen. Kartoffeln, Möhren, Knoblauch und Petersilie auf den Zwiebeln ausbreiten. Die gehackten Tomaten über das Gemüse verteilen.

4 Die ganzen Tomaten in Scheiben schneiden und das Gemüse damit bedecken. Noch einmal mit Pfeffer, Salz und Oregano würzen und etwas Wasser und das Öl darüber gießen.

5 Die Form in den Backofen stellen und das Gemüse etwa 1 ½ Stunden schmoren lassen. Bei Bedarf noch etwas Wasser nachgießen.

Varianten: Es gibt unzählige Möglichkeiten, solch einen Eintopf zu verändern. Gut schmecken zum Beispiel grüne Bohnen oder Champignons darin. Manche Griechen rösten die Auberginen und Zucchini auch in einer Pfanne, bevor sie das Gemüse in der Form verteilen. Andere reiben ein wenig Käse, etwa Kefalograviéra (alternativ Pecorino oder Parmesan), vor dem Backen darüber.

Für 4 Portionen

400 g Auberginen
400 g Zucchini
Salz
1-2 große Zwiebeln
4 Knoblauchzehen
1 Bund Petersilie
2 kleine Kartoffeln
2 kleine Möhren
800 g Tomaten
Pfeffer, Oregano
6 EL Olivenöl

Artischocken à la Polita
Angináres a lá políta

Das griechische Wort *polis* bedeutet Stadt. Dasselbe Wort wird auch verwendet als Abkürzung für die Hauptstadt des früheren Byzantinischen Reiches, nämlich Konstantinoupolis. Als die Türken 1453 Konstantinopel einnahmen, fiel ihnen kein neuer Name ein. Sie sagten einfach *is tin pol* oder – in ihrer Aussprache – Istanbul und das heißt auf Griechisch „in der Stadt". Die Artischocken à la Políta sind also ein Gericht nach Art von Konstantinopel und geben Zeugnis von der bürgerlichen Küche der Griechen am Bosporus. Zu diesem Gericht empfehlen wir einen leicht moussierenden Weißwein aus Sítza im Epirus.

Für 4 Portionen

8-10 kleine zarte Artischocken
Saft von 1 $\frac{1}{2}$ Zitronen
8 Frühlingszwiebeln
2 Möhren, ca. 200 g
3 Kartoffeln, ca. 300 g
1 Bund Dill
6 EL Olivenöl
Salz, Pfeffer

Für die Sauce:

1 Ei
Saft von 1 Zitrone

1 Von den Artischocken die äußeren Blätter entfernen und die Stiele auf etwa 1 Zentimeter kürzen. Die Spitzen der Artischocken abschneiden und mit einem Löffel den Flaum, das Heu, aus der Mitte herausschaben. Die Artischocken sofort in eine Schüssel mit Wasser und Zitronensaft legen, damit sie sich nicht verfärben.

2 Die Frühlingszwiebeln putzen, waschen und in dünne Scheiben schneiden. Die Möhren waschen, putzen und in Scheiben schneiden. Die Kartoffeln waschen, schälen, in grobe Würfel schneiden und bis zur Verwendung in eine Schüssel mit Wasser legen. Den Dill waschen, die Spitzen von den groben Stängeln zupfen und klein hacken.

3 Das Öl in einem flachen Topf erhitzen und die Frühlingszwiebeln darin hell anschwitzen. Die Möhren zugeben und kurz andünsten. Die Artischocken und die abgetropften Kartoffeln einlegen. Den Dill zufügen, salzen, pfeffern und etwa 300 Milliliter heißes Wasser zugießen.

4 Das Gemüse zugedeckt bei geringer Hitze etwa 35 Minuten köcheln lassen, bis die Artischocken und die Kartoffeln weich sind, jedoch darauf achten, dass immer etwas Flüssigkeit übrig bleibt; bei Bedarf noch etwas Wasser zugießen.

5 Für die Sauce das Ei in einer kleinen Schüssel verrühren und tropfenweise den Zitronensaft zufügen. Zum Schluss mit einem Löffel etwas von der heißen, jedoch nicht mehr kochenden Artischockenbrühe aus dem Topf einrühren, damit sich die Sauce erwärmt.

6 Die Ei-Zitronen-Sauce über das Gemüse gießen und den Topf dabei leicht schwenken, damit sich die Sauce gleichmäßig verteilt. Die Sauce darf nicht mehr aufkochen!

Varianten: Dieses Gericht lässt sich beliebig verändern. Falls Sie kein Ei zur Hand haben, können Sie statt der Sauce auch nur reinen Zitronensaft verwenden und dem Gemüse damit eine fein säuerliche Note verleihen. Sie können das Gemüse auch durch die Zugabe von 150 Gramm frisch ausgepalten oder tiefgefrorenen Erbsen anreichern.

Gemüse

Kartoffeln in Öl und Oregano
Patátes ladorígani

Für 4 Portionen

Obwohl dieses Kartoffelgericht zusammen mit Romana-Salat (Rezept auf Seite 48) durchaus ein einfaches Mittagessen darstellen kann, servieren wir es auch gerne als Beilage zu gegrillten Lammrippchen.

1 kg Kartoffeln
2 Knoblauchzehen
1 TL Oregano
Salz, Pfeffer
12 EL Olivenöl
Saft von 1 Zitrone

1 Den Backofen auf 160 °C vorheizen. Die Kartoffeln waschen, schälen, in mundgerechte Stücke schneiden und in eine Auflaufform geben.

2 Den Knoblauch abziehen, in einem Mörser fein zerreiben oder durch eine Knoblauchpresse drücken und zusammen mit Oregano, Salz und Pfeffer zu den Kartoffeln geben. Alles gut vermischen, Öl, Zitronensaft und etwa 300 Milliliter Wasser zugießen.

3 Das Gericht etwa 1 Stunde im Ofen garen. Bei Bedarf etwas Wasser nachgießen.

Erbsengemüse
Arakás

Für 4 Portionen

Erbsengemüse ist ein sommerliches Hauptgericht, dass gern mit Schafskäse und Weißbrot gegessen wird. Die Erbsen können aber auch als Beilage zu Fleisch serviert werden.

2 Frühlingszwiebeln oder
1 Zwiebel
1/2 Bund Dill
1/2 kg kleine Kartoffeln
4 EL Olivenöl
1/2 kg Erbsen (frisch ausgepalte oder tiefgefrorene)
1 Packung passierte Tomaten
Salz, Pfeffer

1 Von den Frühlingszwiebeln die Wurzelansätze und die grünen oberen Teil entfernen, die weißen Teile waschen und in dünne Scheiben schneiden bzw. die Zwiebel abziehen und klein hacken. Den Dill waschen, die Spitzen von den groben Stängeln zupfen und klein hacken. Die Kartoffeln waschen, schälen und ganz lassen.

2 Das Öl in einem flachen Topf erhitzen und die Zwiebeln darin andünsten. Die frischen oder gefrorenen Erbsen, den Dill, die Kartoffeln und die Tomaten zufügen. Mit Salz und Pfeffer würzen.

3 So viel Wasser aufgießen, dass Erbsen und Kartoffeln nur knapp mit Wasser bedeckt sind. Das Gemüse zugedeckt bei geringer Hitze 35 bis 40 Minuten köcheln lassen, bis die gesamte Flüssigkeit verdampft ist und das Gemüse im gewürzten Öl zurückbleibt.

Auberginen mit Reis
Melitsánes me rísi

Die ursprünglich aus Ostasien stammenden Auberginen waren ziemlich klein und weiß und hatten Ähnlichkeit mit Eiern, weshalb sie auch Eierfrüchte heißen. Das warme Klima Griechenlands ist ideal für ihren Anbau. Hier überwiegt heute die große bauchige Sorte, die sich durch ihre wunderbare dunkelviolette Farbe auszeichnet. Die Früchte sind reif, wenn die Fruchtschale durchgefärbt und glänzend ist. An Reis wurde früher nur der in Nordgriechenland wachsende Rundkornreis verwendet. Heute nimmt man durchaus auch andere Sorten.

1 Die Auberginen waschen, die Stielansätze entfernen, das Fruchtfleisch in kleine Würfel schneiden und 1 Stunde in kaltes Salzwasser legen. Die Auberginenwürfel abgießen, unter fließendem kaltem Wasser waschen und mit der Hand fest ausdrücken.
2 Die Zwiebel schälen und fein hacken. Die Tomate mit heißem Wasser überbrühen, häuten, den Stielansatz und die Kerne entfernen und das Fruchtfleisch grob würfeln.
3 Das Öl in einem Topf erhitzen und die Zwiebel darin andünsten. Die Auberginenwürfel zugeben und 5 Minuten mitdünsten. Die Tomatenwürfel zufügen und bei offenem Topf weitere 5 Minuten mitdünsten.
4 Gut ½ Liter Wasser zugießen und sobald dieses kocht, den Reis hineingeben, gut umrühren und alles zugedeckt etwa 20 Minuten bei geringer Hitze ziehen lassen.
5 Inzwischen die Minze waschen, einige Blätter zur Seite legen, den Rest klein hacken.
6 Den Topf vom Herd nehmen und die gehackte Minze untermischen. Den Topf mit einem trockenen Tuch bedecken und das Gemüse noch etwa 10 Minuten ziehen lassen.
7 Die Auberginen mit Reis vor dem Servieren mit frisch gemahlenem Pfeffer würzen, auf Tellern anrichten und mit den beiseite gelegten Minzblättern garnieren.

Für 4 Portionen

800 g Auberginen
Salz
1 Zwiebel
1 große Tomate
10 EL Olivenöl
200 g Reis
2-3 Stängel Minze
Pfeffer

Gemüse

Lauch und Sellerie mit Oliven

Prásso me sélino s eliés

Für 4 Portionen

Dieses Gemüse schmeckt allein mit Weißbrot oder zu Fleisch in Oreganosud (siehe Seite 128) sowie Rindfleisch in Zitronensauce (siehe Seite 135) und Schweinefleisch.

1 Zwiebel
½ kg Lauch
½ kg Stangensellerie
3 Kartoffeln
10 EL Olivenöl
Salz, Pfeffer
1 Tasse Oliven
Saft von 1 Zitrone

1 Die Zwiebel schälen und fein hacken. Lauch putzen, dabei die grünen Teile weitgehend abschneiden. Die Stangen waschen und in Scheiben schneiden. Sellerie waschen, putzen, Fäden abziehen und klein schneiden. Kartoffeln schälen und grob würfeln.

2 Das Öl in einem Topf erhitzen und die Zwiebel darin anschwitzen. Lauch, Sellerie und Kartoffeln zufügen und mit heißem Wasser bedecken. Das Gemüse mit Salz und Pfeffer würzen und zugedeckt etwa 25 Minuten köcheln lassen.

3 Inzwischen die Oliven entkernen und nach den 25 Minuten zum Gemüse geben. Alles zusammen etwa 10 Minuten weiterköcheln. Zum Schluss mit Zitronensaft würzen.

Süßkartoffeln mit Quitten aus dem Backofen

Glikopatátes me kidónia ston phoúrno

Zu Schweinebraten oder gebratenem Geflügel serviert, ist dieses Gemüse eine besonders leckere Beilage. Es schmeckt aber auch nur mit Weißbrot wunderbar.

Für 4 Portionen

1 große Quitte
½ kg Süßkartoffeln
½ kg Kartoffeln
1 EL Butter
2-3 EL Olivenöl
Salz, Pfeffer

1 Den Backofen auf 180 °C vorheizen. Die Quitte schälen, das Kerngehäuse entfernen und das Fruchtfleisch würfeln. Die Süßkartoffeln und Kartoffeln waschen, schälen und in große Stücke schneiden.

2 Die Butter zerlassen und eine feuerfeste Form damit ausstreichen.

3 Quitten-, Süßkartoffel- und Kartoffelstücke in die Form geben. Das Öl darüber geben, alles gut umrühren und mit Salz und Pfeffer würzen.

4 Die Form in den Ofen stellen und das Gemüse in etwa 45 Minuten garen, dabei gelegentlich umrühren. In den letzten 10 Minuten die Temperatur auf 200 °C erhöhen, damit die Kartoffeln etwas Farbe annehmen.

Weiße Riesenbohnen
Jígantes

Die Riesenbohnen haben wir Ihnen auf Seite 49 als Salat vorgestellt. Hier bereiten wir sie als Hauptgericht zu. Es kann sowohl heiß als auch kalt serviert werden. Dazu passt ein Rotwein von den Hängen des Olymp aus Rapsáni.

Für 4 Portionen

½ kg weiße große Bohnenkerne
1 Stange Sellerie mit Blättern
1 kleine Möhre
Salz, Pfeffer
2 Zwiebeln
4 Knoblauchzehen
12 EL Olivenöl
1 kg reife Tomaten für Püree
½ TL Zucker
2 Stängel Petersilie
2 große feste Tomaten
Salz, Pfeffer, Oregano

1 Die Bohnen am Abend zuvor in kaltem Wasser einweichen. Am nächsten Tag das Wasser abgießen, die Bohnen kalt abspülen und abtropfen lassen.

2 Von der Selleriestange die Blätter abschneiden und waschen. Die Selleriestange putzen und dabei die Fäden abziehen. Die Möhre waschen und putzen.

3 Die Bohnen zusammen mit Sellerieblättern, der Selleriestange und der Möhre in einen großen Topf geben und mit Wasser bedecken. Salzen, pfeffern und etwa 1 Stunde im geschlossenen Topf bei geringer Hitze ohne umzurühren köcheln lassen.

4 Anschließend die Bohnen abgießen und in eine feuerfeste Glas- oder Keramikform geben. Die Selleriestange und die Möhre herausnehmen, klein schneiden, zur Seite stellen und später mit der Sauce (siehe Step 6) vermengen.

5 Die Zwiebeln schälen und klein hacken. Den Knoblauch abziehen und in Scheibchen schneiden. Die reifen Tomaten mit Wasser überbrühen, häuten und das Fruchtfleisch durch ein Sieb passieren. Das Tomatenpüree mit Salz, Pfeffer und Zucker würzen.

6 Etwa 7-8 Esslöffel Öl in einem Topf erhitzen und die Zwiebeln und den Knoblauch darin leicht anbraten. Das Tomatenpüree sowie die Sellerie- und Möhrenstückchen zugeben und alles in etwa 30 Minuten zu einer Sauce einkochen lassen.

7 Den Backofen auf 180 °C vorheizen. Die Petersilie waschen, die Blätter von den Stängeln zupfen und fein hacken. Zusammen mit der Tomatensauce zu den Bohnen geben und gut umrühren.

8 Die festen Tomaten waschen, ungeschält in Scheiben schneiden und die Stielansätze dabei entfernen. Die Tomatenscheiben auf die Bohnen legen, etwas pfeffern, salzen, mit Oregano bestreuen und das restliche Öl darüber gießen.

9 Die Form für 45 Minuten in den Ofen stellen. Nach Bedarf noch ein wenig Wasser zufügen, die Bohnen dürfen allerdings nicht in der Sauce „schwimmen".

Gemüse

Ρεβύθια με σπανάκι
Kichererbsen mit Spinat
Revíthia me spanáki

Dieses Gericht vereint zwei in Griechenland besonders beliebte Gemüsearten. Dazu wird gern in Essig eingelegter Blumenkohl oder Paprikaschoten sowie Feta oder Kefalotiri essen.

1 Die Kichererbsen am Abend zuvor in kaltem Wasser mit wenig Natron einweichen. Am nächsten Tag das Wasser abgießen und die Kichererbsen in einem Sieb kalt waschen. In einem Topf mit kaltem Wasser aufsetzen, kurz aufkochen und wieder abseihen.

2 Die Zwiebel schälen und fein hacken. Die Tomaten waschen, die Stielansätze entfernen und die Früchte fein hacken.

3 Das Öl in einem entsprechend großen Topf erhitzen und die Zwiebel darin andünsten. Die Tomaten und die Kichererbsen zugeben und kurz mitdünsten.

4 So viel Wasser in den Topf gießen, dass die Kichererbsen gerade bedeckt sind. Zum Kochen bringen, die Hitze reduzieren und die Kichererbsen etwa 1 Stunde köcheln lassen bis sie weich sind.

5 In der Zwischenzeit den Spinat putzen, waschen, die groben Stängel entfernen und die Blätter grob zerkleinern. Den Spinat zu den Kichererbsen geben und zugedeckt in 10 Minuten garen lassen. Mit Salz und Pfeffer würzen.

Für 4 Portionen

300 g Kichererbsen

1 Msp. Natron

1 Zwiebel

3 Tomaten

12 EL Olivenöl

1 kg Spinat

Salz, Pfeffer

Σπανάκι στον φούρνο
Spinat aus dem Backofen
Spanáki ston phoúrno

Spinat auf diese Art zubereitet kann als eigenständiges Hauptgericht oder als Beilage zu Ziegenfleisch mit Reis (siehe Seite 124) serviert werden.

1 Die Zwiebel schälen und klein schneiden. Den Spinat waschen, die harten Stängel entfernen und die Blätter fein hacken. Das Öl in einem Topf erhitzen und die Zwiebel darin andünsten. Den Spinat zugeben und zugedeckt etwas zusammenfallen lassen.

2 Den Backofen auf 180 °C vorheizen. Den Käse fein reiben und 2 Esslöffel davon zur Seite legen. Die Eier verquirlen und die Milch, den Reis und den restlichen Käse untermischen. Diese Mischung unter den Spinat heben und den Topf vom Herd nehmen.

3 Eine feuerfeste Form mit Öl ausstreichen und die Spinatmischung einfüllen. Den restlichen Käse darüber streuen und alles 45 Minuten im Ofen backen.

Für 4 Portionen

1 Zwiebel

1 kg Spinat

4 EL Olivenöl

30 g Kefalotiri
(alternativ Parmesan)

2 Eier, 5 EL Milch

75 g Reis

Gemüse | 85

Μουσακάς
Auberginenauflauf
Moussakás

Moussakás ist eines der bekanntesten und köstlichsten Gerichte der griechischen Küche. Allerdings gibt es eine Reihe unterschiedlicher Zubereitungsvariationen, je nachdem, was man gerade zur Verfügung hat oder wonach einem der Sinn steht. Bei uns wird *moussakás* immer nach folgendem Rezept zubereitet, meist jedoch in größeren Mengen, vor allem wenn wir Gäste erwarten. Traditionell wird das Gericht im *tapsí* zubereitet, einem runden Backblech mit hohem Rand.

Für 4-5 Portionen

½ kg Auberginen
1 Zwiebel
10 EL Öl
½ kg Hackfleisch vom Rind
5 EL Weißwein
1 EL Tomatenmark
2 kleine Eier
3 gehäufte EL geriebener Kefalotiri
(alternativ Parmesan)
4 EL Semmelbrösel
Salz, Pfeffer
1 Msp. Zimt
375 g Zucchini
375 g Kartoffeln
Öl für die Form

Für die Sauce:
2 EL Butter
4 EL Mehl
3/4 l lauwarme Milch
2 Eier
2 EL geriebener Kefalotiri
(alternativ Parmesan)
Salz, Pfeffer, Muskatnuss

1 Die Auberginen waschen und die Stielansätze entfernen. In Scheiben schneiden, in einer Schüssel mit kaltem Wasser bedecken und 30 Minuten einweichen lassen.

2 Die Zwiebel schälen und klein schneiden. 6 Esslöffel Öl in einer Pfanne erhitzen und die Zwiebel darin anschwitzen. Das Hackfleisch zugeben und gut anbraten. Mit dem Wein ablöschen. Das Tomatenmark mit etwas Wasser verrühren und zum Fleisch geben. Den Pfanneninhalt 35 bis 40 Minuten köcheln lassen. Anschließend die Eier, den Käse und 3 Esslöffel Semmelbrösel einrühren und alles mit Salz, Pfeffer und Zimt würzen.

3 Den Backofengrill vorheizen.

4 Die eingeweichten Auberginenscheiben abgießen und gut ausdrücken. Das restliche Öl auf einem Backblech verstreichen und die Auberginenscheiben darin wenden. Das Backblech unter den Grill schieben und die Auberginen 10 Minuten braten.

5 Den Backofen auf 200 °C vorheizen. Inzwischen für die Sauce die Butter in einer Pfanne zerlassen. Das Mehl nach und nach durch ein Sieb einrieseln lassen und dabei ständig mit einem Schneebesen rühren, bis eine helle Mehlschwitze entsteht. Die Milch unter ständigem Rühren zugießen und so lange rühren, bis die Sauce leicht bindet. Die Sauce beiseite ziehen. Die Eier verquirlen und mit dem Käse unter die Sauce ziehen. Mit Salz, Pfeffer und Muskatnuss würzen.

6 Die Zucchini waschen, putzen und in Scheiben schneiden. Die Kartoffeln waschen, schälen und ebenfalls in Scheiben schneiden.

7 Eine Auflaufform mit Öl ausfetten und gleichmäßig mit den restlichen Semmelbröseln ausstreuen.

8 Je eine Schicht Kartoffeln mit Hackfleisch, eine Schicht Auberginen mit Hackfleisch und eine Schicht Zucchini mit Hackfleisch in die Form geben. Die Sauce darüber gießen. Die Form in den Backofen schieben und den Auflauf etwa 40 Minuten backen, bis die Oberfläche eine goldbraune Farbe angenommen hat. Den Auflauf herausnehmen und vor dem Servieren gut 10 Minuten stehen lassen, dann lässt er sich besser schneiden.

<u>Variante:</u> Die *moussakás* kann zum Beispiel auch ausschließlich mit Auberginen und/oder Zucchini zubereitet werden. Kartoffeln und Hackfleisch entfallen dann.

86 | Gemüse

Σουφικό
Gemischter Gemüseeintopf
Suffikó

Suffikó ist ein beliebter Sommereintopf auf der Insel Ikaria. Da die Bevölkerung dieser urigen und wildromantischen Insel nie vertrieben wurde und keine dauerhafte fremde Besetzung zu erdulden hatte – selbst die Türken hielten nur einen Kommandanten und einige Verwaltungs- beamte – haben sich uralte Bräuche erhalten. Die Menschen lieben die Freiheit, sind tolerant aber lassen sich von niemandem ihre Eigenheiten nehmen. Geduld und Langsamkeit bestim- men ihren Lebensrhythmus. Nur auf Ikaria kann man zum Beispiel nach Mitternacht noch ein- kaufen. Das Rezept für *suffikó* geht möglicherweise bis ins Altertum zurück. Wenn man die In- selbewohner nach der Zusammensetzung fragt, werden zwar alle Zutaten genannt, nicht jedoch die Mengen. Das müsse man selber herausfinden, heißt es. Außerdem mag's der eine scharf, der andere mild ... Wichtiger sei vielmehr, dass beim Kochen kein Fehler gemacht wird. Die Kunst liege nämlich in der Dosierung der Hitze, sodass es nach dem Anbraten gelingt, die Zutaten auf möglichst kleiner Flamme möglichst langsam zum Garen zu bringen, ohne dass sie jedoch verkochen. Wir nennen Ihnen hier das Rezept, nach dem wir das *suffikó* zubereiten. Der ungewöhnlich starke Wein der auf Ikaria gedeiht, wird bis heute wie im Altertum in großen Keramikgefäßen gegoren und aufbewahrt. Die Ikarioten bevorzugen zu diesem Gericht natür- lich ihren Rotwein aus der Phokiano-Traube.

Für 4 Portionen

2 Zwiebeln
½ kg Kartoffeln
2 kleine Zucchini
1 kleine Aubergine
1 Paprikaschote
1 Tomate
2 scharfe Chilischoten (frisch oder getrocknet)
2-3 Knoblauchzehen
12 EL Olivenöl
Petersilie
Salz, Pfeffer

1 Die Zwiebeln schälen und in grobe Stücke schneiden. Die Kartoffeln schälen und wür- feln. Die Zucchini putzen und in fingerdicke Scheiben schneiden. Die Aubergine putzen und in Würfel schneiden. Von der Paprikaschote Stielansatz und Kerne entfernen und das Fruchtfleisch in Streifen schneiden. Von der Tomate den Stielansatz entfernen und das Fruchtfleisch würfeln. Von den Chilischoten ebenfalls die Stielansätze entfernen, die Schoten aber ganz lassen. Den Knoblauch abziehen und in sehr feine Scheiben schneiden.

2 Das Öl in einem weiten flachen Topf oder in einer tiefen Pfanne stark erhitzen. Das gesamte Gemüse in das siedende Öl geben und umrühren.

3 Nach dem ersten Hitzeschock die Temperatur sofort auf die kleinste Einstellung her- unterdrehen und das Gemüse ganz langsam bei geschlossenem Topf 1 ½ Stunden dün- sten, bis es weich geworden und die Flüssigkeit vollständig verdampft ist. Dabei immer wieder umrühren, damit das Gemüse nicht anbrennt.

4 Die Petersilie waschen, die Blätter von den groben Stängel zupfen und ganz lassen.

5 Das Gemüse zum Schluss mit Salz und Pfeffer würzen und die Petersilie vor dem Ser- vieren zugeben.

Variante: Einige Ikarioten geben in Scheiben geschnittene scharfe Bauernwurst dazu. Sie kön- nen deshalb das Gericht ruhig einmal durch Zugabe einer Debrecziner bereichern.

Kartoffelragout
Patátes jachní

Dieses Kartoffelragout schmeckt sehr gut als eigenständiges Gericht mit Salat. Sie können es aber auch als Beilage zu Fisch oder Fleisch servieren.

Für 4 Portionen

1 Die Zwiebel schälen und in Scheiben schneiden. Die Tomaten überbrühen, enthäuten und in dünne Scheiben schneiden. Das Öl in einem Topf erhitzen und die Zwiebel darin anbraten. Die Tomaten zufügen und etwa 5 Minuten mitdünsten.

2 Inzwischen die Kartoffeln waschen, schälen und in grobe Würfel schneiden. Zu den Tomaten geben und das Gemüse bei geringer Hitze etwa 45 Minuten köcheln lassen, bis die Sauce sämig geworden ist.

3 Zum Schluss mit Zitronensaft, Salz und Pfeffer würzen.

1 Zwiebel
½ kg reife Tomaten
6 EL Olivenöl
1 kg festkochende Kartoffeln
Saft von 1 Zitrone
Salz, Pfeffer

Krautwickel auf griechische Art
Lachanodolmádes

Für 4 Portionen

1 Von dem Krautkopf die äußeren Blätter entfernen. Den Strunk keilförmig, etwa 5 Zentimeter tief, aus dem Kopf herausschneiden. Den Krautkopf in einen großen Topf mit kochendem Salzwasser geben und etwa 10 Minuten kochen, damit sich die Blätter später leicht entfernen lassen. Herausheben und abtropfen lassen.

2 Die Zwiebel schälen und klein hacken. Den Dill waschen, die Spitzen von den groben Stängeln zupfen und fein hacken.

3 Das Hackfleisch in eine Schüssel geben und mit der Zwiebel, dem Reis, dem Öl, dem Dill sowie Pfeffer und Salz gründlich vermischen.

4 Die Blätter des Krautkopfs einzeln ablösen und die harte Blattrippen herausschneiden. Auf jedes Blatt auf das untere Drittel einen Esslöffel der Füllung setzen, die Seiten einschlagen, die Blätter zu festen Rollen aufwickeln und eventuell mit Zahnstochern befestigen. So fortfahren bis die gesamte Füllmasse verbraucht ist.

5 Einen großen Topf am Boden mit einigen der restlichen Krautblätter auslegen. Darauf die Krautwickel mit der Nahtstelle nach unten dicht nebeneinander legen, eine zweite Lage darüber schichten. Die Wickel mit einem umgedrehten Teller beschweren. Mit Wasser aufgießen und etwa 1 Stunde auf kleiner Flamme köcheln lassen.

6 Die Zitronen-Ei-Sauce mit etwas Gemüsewasser herstellen (siehe Seite 74) und kurz vor dem Servieren über die Krautwickel gießen.

1 großer Kopf Weißkohl
Salz
1 Zwiebel
einige Stängel Dill
½ kg Hackfleisch vom Rind
75 g Reis
1 EL Olivenöl
Salz, Pfeffer

Für die Sauce:
Saft von 2 Zitronen
2 Eier

Auberginenröllchen in Tomatensauce
Melitsánes me sáltsa domáta

Für 4 Portionen

1 kleine Zwiebel
6 reife Tomaten, ca. ½ kg
6 EL Olivenöl
Salz, Pfeffer, Oregano
1 große Aubergine
80 g Feta
75 g Manoúri
(alternativ Quark)

1 Die Zwiebel schälen. Die Tomaten überbrühen, häuten, Stielansätze und Kerne entfernen und das Fruchtfleisch grob zerschneiden. Etwas Öl in einer Pfanne erhitzen, die Zwiebel dazu reiben und kurz andünsten. Tomaten zufügen, mit wenig Salz, Pfeffer und Oregano würzen. In etwa 45 Minuten zu einer dicklichen Sauche einköcheln lassen.
2 Inzwischen den Backofen auf 200 °C vorheizen. Die Aubergine waschen, putzen, längs in dünne Scheiben schneiden, salzen und auf ein geöltes Backblech legen. Mit dem restlichen Öl bestreichen und für 15 Minuten in den Ofen geben. Herausnehmen.
3 Beide Käsesorten mit einer Gabel zerdrücken und zu einem homogenen Brei vermischen. Auf die Auberginenscheiben jeweils einen Löffel der Käsemischung geben, diese einrollen und mit einem Zahnstocher befestigen.
4 Die Auberginenröllchen mit der Nahtstelle nach unten in ein feuerfestes Gefäß setzen und die Sauce darüber gießen. Im vorgeheizten Backofen 30 Minuten backen.

Auberginen mit Kichererbsen
Melitsánes me revíthia

Für 4 Portionen

½ kg Kichererbsen
1 Msp. Natron
1 große Zwiebel
10 EL Olivenöl
Salz, Pfeffer
1 kg Auberginen
½ Bund Petersilie

1 Die Kichererbsen am Vorabend in kaltem Wasser mit dem Natron einweichen. Am nächsten Tag das Wasser abgießen und die Kichererbsen in einem Sieb kalt waschen. In einem Topf mit kaltem Wasser aufsetzen, aufkochen und den Schaum abschöpfen.
2 Die Zwiebel schälen, klein schneiden und mit 4 Esslöffeln Öl zu den Kichererbsen geben. Alles salzen, pfeffern und bei geringer Hitze 45 Minuten köcheln lassen.
3 Inzwischen die Auberginen waschen, die Stielansätze entfernen, das Fruchtfleisch in Scheiben schneiden und salzen. In einer Pfanne das restliche Öl erhitzen und die Auberginenscheiben darin beidseitig goldbraun braten.
4 Sobald die Kichererbsen weich geworden sind und die Flüssigkeit fast gänzlich verdampft ist, die Auberginenscheiben auflegen und für weitere 10 Minuten mitkochen.
5 Die Petersilie waschen, die Blätter von den Stängeln zupfen, fein hacken und vor dem Servieren über das Gemüse geben.

Gemüse

Gefüllte Tomaten und Paprikaschoten

Jemistá

Die *jemistá* sind ein griechisches Nationalgericht, an dessen Zubereitung sich die Geister scheiden. Der Schriftsteller Ilias Mamalakis beschreibt, wie er schon als Kind den Richter über die gefüllten Tomaten von drei verschiedenen Köchinnen spielen musste: „Für sie habe ich Champions ernannt und andere verurteilt wegen mangelnder Ehrfurcht der Speise gegenüber." Abgesehen davon, dass immer reife Tomaten der Ausgangspunkt sind, können die Füllungen sehr unterschiedlich sein: Hackfleisch, verschiedene Sorten Reis, Korinthen, Pinienkerne, Dill usw. Letztlich kommt es darauf an, dass man die geeigneten Tomaten findet, die den Geschmack bestimmen. Unser Rezept, das auch gefüllte Paprikaschoten und Kartoffeln enthält, beschränkt sich auf Reis als Füllung. So werden die *jemistá* in den meisten Familien zubereitet. Gefüllte Tomaten und Paprikaschoten sind auch am nächsten Tag im kalten Zustand noch unverschämt gut!

Für 4 Portionen

4 große reife Fleischtomaten
4 mittelgroße grüne Paprikaschoten
Salz
2 Zwiebeln
½ Bund Dill
½ Bund Minze
180 g Langkornreis
9-10 EL Olivenöl
Pfeffer
1 Msp. gemahlener Piment
½ kg Kartoffeln
½ TL getrockneter Oregano

1 Die Tomaten und Paprikaschoten waschen, jeweils am Stielansatz einen Deckel abschneiden und zur Seite legen. Die Tomaten mit einem Teelöffel vorsichtig aushöhlen, die Tomatenwand sollte möglichst dünn sein, darf aber nicht verletzt werden. Das ausgehöhlte Fruchtfleisch fein hacken, in eine Schüssel geben, den Saft durch ein Sieb streichen (um die Kerne zu entfernen) und zum Fruchtfleisch geben. Aus den Paprikaschoten die Trennwände und Kerne entfernen und wegwerfen.

2 Die vorbereiteten Tomaten und Paprikaschoten in eine entsprechend große feuerfeste Form (*tapsí* oder Bratreine) setzen und innen leicht salzen.

3 Für die Füllung die Zwiebeln schälen, fein hacken und zum Tomatenfleisch in die Schüssel geben. Dill und Minze waschen, die Blättchen von den Stängeln zupfen, fein hacken und zur Tomaten-Zwiebel-Mischung geben. Den Reis, 3 Esslöffel Öl, Salz, Pfeffer und Piment zugeben und alles gut vermischen.

4 Mit einem Löffel die Masse nicht zu fest in die Tomaten und Paprikaschoten füllen, da der Reis beim Garen noch aufquillt. Jeweils 1 Teelöffel Öl darüber gießen und die zur Seite gelegten Deckel aufsetzen.

5 Den Backofen auf 180 °C vorheizen.

6 Die Kartoffeln schälen, längs vierteln, zwischen die Tomaten und Paprikaschoten legen und mit Oregano bestreuen. Eventuell übrig gebliebene Füllmasse mit in die Form geben, 300 Milliliter Wasser zugießen und das restliche Öl darüber träufeln.

7 Die Form in den Backofen stellen und das gefüllte Gemüse 1 ½ Stunde schmoren lassen, bis das Wasser verdampft ist und nur das Öl zurückbleibt. Sollte das Gemüse vorher zu schnell braun werden, eventuell mit Alufolie abdecken.

8 Das Gemüse auf Zimmertemperatur abkühlen lassen und in der Form servieren. Frisches Weißbrot und Feta dazu servieren.

Gemüse

Spinatreis
Spanakóriso

Dieses Rezept ist ein wunderbares Beispiel dafür, wie Gerichte der ursprünglichen Arme-Leute-Küche inzwischen zu Delikatessen unserer Zeit geworden sind. Der Spinatreis ist schnell gemacht und eignet sich obendrein auf ideale Weise für eine Fastenkur.

Für 4 Portionen

- 1 große Zwiebel
- 1 Bund Frühlingszwiebeln
- ½ kg Spinat
- ½ Bund Dill
- 4 EL Olivenöl
- Salz, Pfeffer
- 300 g Reis
- Saft von 1 Zitrone
- 4 Scheiben Feta, à ca. 70 g

1 Die Zwiebel schälen und klein hacken. Die Frühlingszwiebeln putzen und in dünne Scheibchen schneiden.

2 Den Spinat waschen, putzen und dabei die groben Stiele entfernen. Die Blätter in kochendem Wasser 5 Minuten blanchieren. Das Wasser in eine Schüssel abgießen und zur Seite stellen. Den Spinat fein wiegen.

3 Den Dill waschen, die Spitzen von den groben Stängeln zupfen und fein hacken. Spinat und Dill miteinander vermischen.

4 So viel Öl in einen schweren Topf gießen, dass der Boden vollständig bedeckt ist. Das Öl erhitzen und die Zwiebel und Frühlingszwiebeln darin anbraten. Den Spinat zugeben, alles mit Salz und Pfeffer würzen und gut umrühren.

5 Den Reis in kleinen Portionen mit einem Teelöffel so in den Spinat drücken, dass er vom Spinat bedeckt wird. Gerade so viel vom beiseite gestellten Spinatwasser angießen, dass alles gut mit Flüssigkeit bedeckt ist, kurz aufkochen und bei geringer Temperatur etwa 30 Minuten zugedeckt ziehen lassen.

6 Wer eine Bodenkruste mag, kann die letzten 5 Minuten die Temperatur erhöhen. Den Spinatreis mit frischem Zitronensaft beträufeln. Pro Person je eine Scheibe Feta dazu servieren.

Gemüse

Eier mit Tomaten
Avgá me domáta

1 Die Tomaten waschen, vierteln, Stielansätze entfernen und das Fruchtfleisch fein hacken. Den Knoblauch abziehen und ebenfalls fein hacken.

2 Das Öl in einer Pfanne erhitzen und die Tomaten mit dem Knoblauch darin etwa 20 Minuten unter häufigem Rühren dünsten, bis die Flüssigkeit verdampft ist.

3 In der Zwischenzeit den Feta in einer Schüssel mit einer Gabel zerdrücken. Den Hartkäse fein reiben und mit dem Feta vermischen.

4 Die Temperatur unter der Pfanne reduzieren. Den Wein in die Tomatenzubereitung gießen und die Käsemischung einrühren. Die Sauce köcheln lassen, bis sie zu einem dicken Brei geworden ist. Mit Salz und Pfeffer würzen.

5 In den Tomatenbrei 8 kleine Mulden drücken und jeweils 1 aufgeschlagenes Ei mit unversehrtem Dotter hineingleiten lassen. Mit wenig Salz und Pfeffer würzen, einen Deckel auf die Pfanne legen und die Eier stocken lassen. Sofort mit Weißbrot servieren.

Für 4 Portionen

1 kg reife Tomaten
5 Knoblauchzehen
3-4 EL Olivenöl
50 g Feta
50 g Kefalotiri
(alternativ Pecorino oder
Parmesan)
75 ml Weißwein
Salz, Pfeffer
8 Eier

Omelette Sfoungáto
Sfungáto

Diese Eierspeise stammt von der Insel Lesbos. In der Familie Koutieli darf sie zum Beispiel am Karsamstag nie fehlen. Das Omelette kommt bei dieser Familie nach der Auferstehungsfeier zur Ostersuppe (*majirítsa*, siehe Seite 64) auf den Tisch.

1 Den Salatkopf von den äußeren Blättern befreien und den Strunk entfernen. Die Blätter waschen, abtropfen lassen und klein schneiden. Die Frühlingszwiebeln putzen, waschen und klein schneiden.

2 In einem Topf 3 Esslöffel Öl erhitzen, Salat und Zwiebeln darin anbraten. Ganz leicht salzen und bei geringer Hitze 15 Minuten köcheln lassen. Von Zeit zu Zeit ganz wenig Wasser zugießen, es darf jedoch kein Sud entstehen.

3 Den Backofen auf 225 °C vorheizen. Inzwischen den Dill und die Minze waschen, die Blätter von den groben Stängeln zupfen und klein hacken.

4 Den Topf vom Herd nehmen. Dill und Minze unter das Gemüse mischen, salzen, pfeffern und alles abkühlen lassen.

5 Eine Auflaufform mit dem restlichen Öl einfetten.

6 Die Eier verquirlen, zur erkalteten Salatmischung geben, alles gut verrühren und in die Form gießen. Im heißen Backofen in höchstens 10 Minuten stocken lassen.

Für 4 Portionen

1 großer Kopf Romana-Salat
2 Bund Frühlingszwiebeln
4 EL Olivenöl
Salz
$\frac{1}{2}$ Bund Dill
$\frac{1}{2}$ Bund Minze
Pfeffer
8 Eier

Gemüse

Gemüserührei

Strapazáda

Der Name dieses Gerichts ist vom italienischen „uova strapazzata" abgeleitet, was soviel wie gerührte Eier, also Rührei heißt. Es verwundert also nicht, dass das Rezept von den Ionischen Inseln stammt, die über Jahrhunderte unter italienischem Einfluss standen. Es gilt, die Zutaten zu strapazieren, sie also so klein wie möglich zu schneiden, zu wiegen und zu hacken. Ein schnelles und einfaches Gericht, das nur von etwas Weißbrot begleitet ganz phantastisch schmeckt oder zusammen mit Lammbraten, gegrillten Lammrippchen oder mit Schweinekoteletten auf den Tisch kommt.

Für 4 Portionen

2 kleine Zwiebeln
2 kleine Paprikaschoten
3 reife Tomaten
80 g Feta
4 EL Olivenöl
4 Eier
Salz, Pfeffer, Oregano

1 Die Zwiebeln schälen und fein hacken. Die Paprikaschoten waschen, Stielansätze und Kerne entfernen und das Fruchtfleisch klein würfeln. Die Tomaten waschen, Stielansätze entfernen, das Fruchtfleisch ebenfalls fein würfeln. Den Käse mit einer Gabel zerdrücken.

2 Das Öl in einer Pfanne erhitzen und die Zwiebel- und Paprikawürfel darin anbraten. Die Tomaten zugeben und umrühren, bis die Flüssigkeit verdunstet ist.

3 Ein Ei nach dem anderen in die Pfanne schlagen und dabei ständig rühren. Sobald die Masse anzieht und fester wird, den zerdrückten Käse zugeben, mit Salz, Pfeffer und Oregano würzen und alles gut miteinander vermischen. Sofort mit Weißbrot servieren.

Für die Variante:

4 reife Tomaten
4 EL Olivenöl
4 Eier
Salz, Pfeffer
nach Belieben ca. 80 g Feta

Variante: Kajaná

Diese simple, aber deshalb nicht minder schmackhafte Version stammt von der südgriechischen Halbinsel Peloppones.

1 Die Tomaten mit heißem Wasser überbrühen, häuten, die Stielansätze und Kerne entfernen und das Fruchtfleisch sehr fein hacken. Das Tomatenfleisch in einer Pfanne ohne Öl dünsten, bis die Flüssigkeit verdampft ist und ein dicklicher Brei entsteht.

2 In einer zweiten Pfanne das Öl erhitzen und den Tomatenbrei darin etwas anbraten.

3 Die Eier in eine kleine Schüssel aufschlagen, miteinander verrühren und zu den Tomaten geben. Mit Salz und Pfeffer würzen.

4 Zum Schluss nach Belieben zerbröckelten Feta dazu geben und untermischen.

Archondoulas Zucchiniauflauf
Kolokithópita tis Archondoúlas

Für die italienische Bezeichnung „Zucchini" gibt es keine deutsche Übersetzung. Im Griechischen heißt das zur botanischen Familie der Kürbisgewächse gehörende Gemüse *kolokíthi*. Dieses Wort wird auch gern zur Beschimpfung gebraucht. Ein *kolokithás* ist ein Quatschkopf, *kolokíthia* sagt man, wenn man bei uns „Das ist Unsinn" ausrufen würde. Das folgende Gericht ist jedoch alles andere als Unsinn. Es stammt wie das *suffikó* (siehe Seite 88) von der Insel Ikaria und ist eine Spezialität von Frau Archondoula. Es ist herrlich leicht und schmeckt besonders an heißen Tagen, wenn schwere Gerichte den Kreislauf belasten würden. Die in Griechenland für diesen Auflauf verwendeten Zucchini sind wesentlich größer und fleischiger als diejenigen, die man gewöhnlich in Deutschland bekommt.

Für 4 Portionen

1 Die Zucchini waschen, putzen und sehr fein reiben. Die Masse in ein Sieb geben und mindestens 30 Minuten abtropfen lassen. Anschließend sehr gut ausdrücken.
2 Die Zwiebel schälen und klein hacken. Das Öl in einem Topf erhitzen und die Zwiebel darin andünsten. Die Zucchini erneut gut ausdrücken, bis sie ganz trocken sind, zu den Zwiebeln geben und etwa 10 Minuten mitdünsten. Die Mischung erkalten lassen.
3 Den Backofen auf 180 °C vorheizen. Die Minze waschen, die Blätter abzupfen und klein hacken. Den Käse reiben. Die Eier unter die Zucchinimischung rühren. Minze und Käse zugeben, salzen und pfeffern.
4 Eine Auflaufform mit Öl ausstreichen und mit Semmelbröseln ausstreuen.
5 Die Masse in die Form geben und im Backofen in etwa 25 Minuten garen, bis die Oberfläche eine leichte Bräunung angenommen hat.

- 1 kg Zucchini
- 1 Zwiebel
- 2 EL Olivenöl
- 1 kleiner Strauß Minze
- 100 g Kefalograviéra (alternativ Parmesan)
- 4 Eier
- Salz, Pfeffer
- Öl und 2 EL Semmelbrösel für die Form

Gemüse

Ψάρια και θαλασσινά

Fisch und Meeresfrüchte

Psária ke thalassiná

Die Griechen gelten als große Seefahrer. Das ist kein Wunder: Es gibt kein anderes Land in Europa, das so mit dem Meer verbunden ist – Griechenland besteht immerhin aus mehr als 2000 Inseln. Da ist es naheliegend, dass die Griechen begeisterte Fischesser sind und ausgezeichnet mit Fisch umzugehen verstehen. Das beweist die Vielfalt an Rezepten: Ob mariniert, gedünstet oder gegrillt, gebraten, im Ofen gegart, mit Kräutern und Käse verfeinert oder mit Nudeln aufgetischt – durch die typisch griechische Art zu würzen unterscheiden sich diese Fischgerichte von anderen Fischrezepten der mediterranen Küche.

Gegrillter Seebarsch mit frischen Tomaten

Lavráki psitó me omí domáta

Für 4 Portionen

2 Tomaten
3-4 Stängel Petersilie
2 EL Zitronensaft, Salz, Pfeffer
12 EL Olivenöl
4 Seebarschfilets à 150-200 g
(alternativ 4 Scheiben
Thunfisch, jeweils
etwa 2-3 cm dick)

1 Den Backofengrill vorheizen bzw. im Freien Holzkohle zum Glühen bringen.

2 Die Tomaten überbrühen, häuten, Stielansätze und Kerne entfernen und das Fruchtfleisch klein hacken. Die Petersilie waschen, die Blätter abzupfen und fein hacken. In einer Schüssel den Zitronensaft mit Salz und Pfeffer verrühren und 10 Esslöffel Öl unter Rühren in dünnem Strahl einlaufen lassen. Tomaten und die Petersilie untermischen.

3 Die Fischscheiben unter fließend kaltem Wasser waschen, trockentupfen, salzen und auf beiden Seiten mit dem restlichen Öl einpinseln. Den Fisch über Holzkohlenglut auf jeder Seite 4 bis 6 Minuten bzw. im Backofen 5 bis 7 Minuten auf jeder Seite grillen.

4 Die heißen Fischscheiben mit der Tomatensauce übergießen und sofort servieren.

Gedünstete Zahnbrassen

Sinagrída vrastí

Für 4 Portionen

1 kg küchenfertige Zahnbrassen
(alternativ Rotbrassen)
2 Möhren, 2 Zucchini
2 Kartoffeln, 1 Zwiebel
4-5 Stängel Petersilie
einige Sellerieblätter
(alternativ 1 Scheibe
Sellerieknolle, ca. 60 g)
Saft von 1 Zitrone
Salz, Pfeffer
6 EL Olivenöl

1 Die Fische unter fließendem kaltem Wasser innen und außen waschen.

2 Die Möhren und Zucchini waschen und putzen. Die Kartoffeln waschen, schälen und vierteln. Die Zwiebel schälen und vierteln. Petersilien- und Sellerieblätter waschen und abzupfen. Falls Sie Sellerie verwenden, diesen grob würfeln.

3 In einem großen Topf das Gemüse mit reichlich Wasser aufgießen, salzen und pfeffern, zum Kochen bringen und 20 Minuten kochen lassen.

4 Kurz bevor die Gemüsestücke gar werden, die Fische zugeben und etwa 15 Minuten bei geringer Hitze ziehen lassen. Sobald sich das Fleisch leicht von den Gräten löst, sind die Fische gar. Fisch aus dem Sud nehmen, häuten und die Gräten entfernen.

5 Zitronensaft, Salz, Pfeffer und Öl zu einer Marinade verrühren.

6 Auf einer vorgewärmten Platte Fisch und Gemüse anrichten und die Marinade darüber gießen. Die Marinade kann auch getrennt serviert werden, damit sich jeder nach seinem Geschmack davon nehmen kann.

Fisch und Meeresfrüchte

Gebackener Thunfisch
Tónos plakí

1 Die Fischscheiben unter fließendem kaltem Wasser waschen, trockentupfen und mit Zitronensaft beträufeln.

2 Den Knoblauch abziehen und der Länge nach in Splitter schneiden. Die Fischscheiben mit einem spitzen Messer vorsichtig einstechen und die Splitter hineinstecken.

3 Den Backofen auf 180 °C vorheizen. Inzwischen die Tomaten mit heißem Wasser überbrühen, häuten, die Stielansätze und Kerne entfernen und das Fruchtfleisch klein schneiden.

4 Eine feuerfeste Form mit der Hälfte des Öls ausfetten. Die gespickten Thunfischscheiben in die Form legen, die Tomaten gleichmäßig darüber verteilen, das restliche Öl darüberträufeln und mit Pfeffer, Salz und Oregano würzen. Die Form in den Backofen stellen und den Fisch etwa 20 Minuten backen.

Für 4 Portionen

4 Scheiben Thunfisch à 200 g, jeweils etwa 2-3 cm dick
Saft von ½ Zitrone
6 Knoblauchzehen
3 reife Tomaten
6 EL Olivenöl
Pfeffer, Salz, Oregano

Goldbrasse mit Zwiebeln und Tomaten
Tsipoúres sto tapsí

1 Die Fische unter fließendem kaltem Wasser waschen und trockentupfen.

2 Den Backofen auf 200 °C vorheizen. Das Öl auf ein Backblech oder in eine feuerfeste Form gießen.

3 Die Zwiebeln schälen und in Scheiben schneiden. Die Hälfte der Zwiebelringe auf dem Backblech bzw. in der Form auslegen. Die Tomaten waschen, in Scheiben schneiden und zur Hälfte auf den Zwiebeln auslegen. Mit Pfeffer, Salz und Majoran würzen.

4 Die Fische auf die Tomaten legen und mit den restlichen Zwiebelringen und Tomatenscheiben bedecken. Erneut mit Salz, Pfeffer und nur sparsam mit Majoran würzen, damit dieser nicht zu sehr den Geschmack dominiert.

5 Den Fisch in 20 bis 25 Minuten im Backofen garen.

Für 4 Portionen

4 küchenfertige Goldbrassen à ca. 300 g
6 EL Olivenöl
3 Zwiebeln
4 Tomaten
Salz, Pfeffer, Majoran

Fisch und Meeresfrüchte

Marinierte Rotbarben
Barboúnia marináta

Barboúnia, wie die Rotbarbe oder Rote Meerbarbe auf Griechisch heißt, gehört zu den beliebtesten und schmackhaftesten Fischen in Griechenland. Meist wird sie in der Pfanne in reichlich Öl ausgebacken. In früheren Zeiten aber, in denen es noch keine Kühlschränke gab, hat man Wege gesucht, diese Fische möglichst lange haltbar und genießbar zu machen, wenn es mal einen guten Fang gab. So kam man wohl schon in byzantinischer Zeit auf die Marinade. Auf diese Weise konnten die Frauen ihren zur See fahrenden Männern zur Verpflegung ein Fässchen mit marinierten *barboúnia* mitgeben. In manchen Gegenden ist dieses Gericht auch an Festtagen während der Fastenzeit, etwa am Palmsonntag, beliebt.

Für 4 Portionen

1 kg kleine Rotbarben
4 EL Mehl
Pfeffer, Salz
12 EL Olivenöl
50 g Korinthen
4 Knoblauchzehen
1 EL Rosmarin
1 TL Pfefferkörner
300 ml Rotweinessig

1 Die Fische am Schwanzende fassen und die Flossen mit einer Schere in Richtung Kopf abschneiden. Die Schuppen mit einem Messer oder einem Fischschupper in Richtung Kopf schuppen. Die Fische ausnehmen und innen und außen unter fließendem kaltem Wasser waschen. Mit Küchenpapier trockentupfen.

2 Das Mehl mit Pfeffer und Salz würzen. Die Hälfte des Öls in einer Pfanne erhitzen, die Fische in dem Mehl wenden und auf beiden Seiten im Öl braten. Anschließend herausnehmen, auf Küchenpapier abtropfen lassen und erkalten lassen.

3 Die Korinthen 15 Minuten in Wasser einweichen und abgießen.

4 Den Knoblauch abziehen und klein hacken. Das restliche Öl in einer sauberen Pfanne erhitzen und die Korinthen, den Knoblauch, den Rosmarin und die Pfefferkörner darin schwenken, bis die Korinthen aufplatzen. Den Essig zugießen, alles zum Kochen bringen und bei geringer Hitze köcheln lassen, bis der Knoblauch weich geworden ist.

5 Die Fische in die Marinade legen und die Pfanne sofort vom Herd nehmen. Erkalten lassen.

6 Den Pfanneninhalt in ein verschließbares Gefäß geben und darauf achten, dass die Fische vollständig mit der Marinade bedeckt sind. Die Rotbarben für mindestens 2 Tage im Kühlschrank durchziehen lassen.

7 Vor dem Servieren die Fische aus dem Kühlschrank nehmen und Zimmertemperatur annehmen lassen. Die Rotbarben aus dem Gefäß nehmen und die Marinade etwas abtropfen lassen. Dazu schmeckt am besten frisches Weißbrot.

Fisch und Meeresfrüchte

Schwertfisch in Pergamentpapier

Xiphiós sti ladókolla

Obwohl der Schwertfisch in der Ägäis relativ häufig vorkommt, war er in der griechischen Küche lange Zeit nicht sonderlich beliebt. Inzwischen kennt und schätzt man auch in Griechenland diesen schmackhaften Fisch.

Für 4 Portionen

4 Scheiben Schwertfisch
à 180-200 g,
jeweils etwa 2-3 cm dick
(alternativ Kabeljau oder Lachs)
4 Knoblauchzehen
2 Zitronen
4 große Blätter Pergamentpapier
4 EL Olivenöl
2 TL Rosmarin
Pfeffer, Salz

1 Den Backofen auf 220 °C vorheizen. Die Fischscheiben unter fließendem kaltem Wasser waschen und mit Küchenpapier trockentupfen.

2 Den Knoblauch abziehen und in dünne Scheiben schneiden. Die Zitronen waschen und in Scheiben schneiden.

3 Auf jedes Blatt Pergamentpapier in die Mitte eine Fischscheibe legen und mit Öl bestreichen. Die Knoblauch- und Zitronenscheiben auf den Fisch verteilen. Mit Rosmarin, Pfeffer und Salz bestreuen. Das Pergamentpapier vorsichtig um den Fisch wickeln und ganz dicht verschließen, damit beim Kochen kein Saft austreten kann.

4 Die Päckchen auf ein kaltes Backblech legen und im Backofen 10 Minuten backen. Anschließend die Temperatur auf 180 °C reduzieren und den Fisch in 15 bis 20 Minuten fertig garen.

Geschmorter Fisch aus dem Backofen

Psári ston phoúrno

Für 4 Portionen

4 Fischfilets bzw. -scheiben
(Kabeljau, Lachs, Schwertfisch
oder Meerbrasse) à 180-200 g,
jeweils etwa 2-3 cm dick
1 große Zwiebel
3 Tomaten
½ Bund Petersilie
Oregano, Salz, Pfeffer
12 EL Olivenöl
Saft von 1 Zitrone

1 Den Backofen auf 180 °C vorheizen. Die Fischscheiben unter fließendem kaltem Wasser waschen, trockentupfen und auf einem Backblech oder in eine entsprechend große feuerfeste Form legen.

2 Die Zwiebel schälen und fein hacken. 2 Tomaten überbrühen, häuten, Stielansätze und Kerne entfernen und das Fruchtfleisch klein hacken. Die Petersilie waschen, die Blätter abzupfen und fein hacken.

3 Zwiebel, Tomatenstückchen und Petersilie auf dem Fisch verteilen. Die dritte Tomate waschen, in 4 Scheiben schneiden und auf die Fischscheiben legen. Oregano, Salz und Pfeffer mit dem Zitronensaft und dem Öl vermischen und über den Fisch gießen.

4 Den Fisch im Ofen 25-30 Minuten schmoren.

104 | **Fisch und Meeresfrüchte**

Zackenbarsch nach Art von Spetses

Sfirída à la spetsióta

Spetses ist eine Insel im Saronischen Golf, also nicht weit von Athen. Dort halten sich an den Wochenenden und in den heißen Sommermonaten viele wohlhabende Athener auf. Die eigentlichen Bewohner von Spetses gelten als besonders tüchtige Seefahrer. Und natürlich verstanden sie auch immer schon etwas vom Fang und der Zubereitung eines guten Fisches.
Die Zubereitung „nach Art von Spetses" bedeutet in ganz Griechenland, dass etwas mit Tomaten, Zwiebeln und Semmelbröseln im Ofen zubereitet wird. Zu diesem Gericht empfehlen wir einen Moschophílero, einen Weißwein aus Mantinía.

1 Die Fischfilets kurz kalt abspülen, mit Küchenpapier trockentupfen und mit Zitronensaft beträufeln. Salzen, pfeffern und in eine feuerfeste Form legen.

2 Den Backofen auf 200 °C vorheizen. 3 Tomaten mit heißem Wasser überbrühen, häuten, die Stielansätze und Kerne entfernen und das Fruchtfleisch durch ein Sieb passieren. Die restlichen Tomaten waschen, in Scheiben schneiden und beiseite legen.

3 Die Knoblauchzehen abziehen und durch eine Knoblauchpresse drücken. Die Petersilie waschen, die Blätter von den Stängeln zupfen und fein hacken.

4 Das Öl erhitzen, den Knoblauch andünsten, die passierten Tomaten, das Tomatenmark und die Petersilie zufügen, etwas Wasser angießen und die Sauce köcheln lassen, bis sie etwas eingedickt ist.

5 Die Fische mit der Sauce übergießen, die Tomatenscheiben darauf legen und die Semmelbrösel darüber streuen. Die Form in den Backofen stellen und den Fisch in etwa 25 Minuten backen.

Für 4 Portionen

1 kg Filet vom Zackenbarsch (alternativ Meerbrasse)
Saft von 1 Zitrone
Salz, Pfeffer
6 reife Tomaten
3 Knoblauchzehen
½ Bund Petersilie
12 EL Olivenöl
1 EL Tomatenmark
6-7 EL Semmelbrösel

Fisch und Meeresfrüchte

Oktopus im Nudelauflauf
Chtapódi me makaronáki

Kraken oder Oktopus (nicht zu verwechseln mit Sepia, die ebenfalls zur Familie der Tintenfische gehören) werden in Griechenland meistens gegrillt oder in Essig eingelegt als *mesé* zum Ouzo gereicht. Es gibt aber auch Familien, bei denen Oktopus als Hauptgericht auf den Tisch kommt. Eine Besonderheit ist dieser Nudelauflauf, den wir mindestens einmal im Monat zubereiten. Dazu schmeckt ein frischer attischer Weißwein aus Anavissos, beispielsweise ein Savatianó oder Rodítis, deren Trauben nicht weit vom Meer wachsen.

Für 4 Portionen

1 küchenfertige Krake, ca. 700 g
(evtl. tiefgefroren, keine
Dosenware)
15 EL Essig
2 Zwiebeln
3 Knoblauchzehen
1 kleine Dose Tomaten
1 kleine Paprikaschote
2 EL Olivenöl
15 EL Rotwein
Oregano, Salz, Pfeffer
2 Lorbeerblätter
350 g Nudeln (kleine Makkaroni
oder andere kurze Nudeln)
1 EL Margarine oder Butter
4 EL Semmelbrösel
4 EL geriebener Kefalotiri
(alternativ Pecorino)

1 Den Körper der Krake mit ihren Tentakeln (Fangarmen) sorgfältig reinigen. Die Krake in einen Topf geben, 1 Tasse Wasser und den Essig zugießen und aufkochen. Die Hitze reduzieren und alles so lange köcheln lassen, bis die Flüssigkeit fast verdunstet ist; das dauert etwa 1 Stunde. Anschließend die Krake in etwa 1 Zentimeter lange Stücke schneiden, wobei die Enden der Fangarme auch länger sein können.

2 Die Zwiebeln schälen und in Scheiben schneiden. Den Knoblauch abziehen und in dünne Scheiben schneiden. Die Tomaten aus der Dose klein schneiden. Die Paprikaschote waschen, entkernen und in kleine Stücke schneiden.

3 Das Öl in einem Topf erhitzen und Zwiebel und Knoblauch darin leicht anbraten. Die Tomaten mit ihrer Flüssigkeit und die Paprikastücke zufügen. Die Krakenstücke zugeben und 10 Minuten mitdünsten.

4 Den Topfinhalt mit Wein ablöschen und mit Oregano, Salz und Pfeffer würzen. Die Lorbeerblätter einlegen. Zugedeckt bei geringer Hitze etwa 1 Stunde köcheln lassen, bis sich eine dickliche Sauce gebildet hat.

5 Den Backofen auf 180 °C vorheizen. Die Nudeln in sprudelnd kochendes Salzwasser geben und bei geöffnetem Topf in etwa 10 Minuten bissfest kochen. Sobald sie gar sind, das Wasser abgießen, die Nudeln mit kaltem Wasser abschrecken und gut abtropfen lassen.

6 Eine feuerfeste Form mit Margarine oder Butter einfetten und mit Semmelbröseln ausstreuen.

7 Die Nudeln in die Form legen und die Krake mit ihrer Sauce darüber verteilen, ohne umzurühren. Den Käse darüber streuen. Die Form in den Backofen stellen und das Gericht etwa 30 Minuten backen, bis die am Boden liegenden Nudeln knusprig sind.

Fisch und Meeresfrüchte

Μπακαλιάρος μπουρδέττο

Klippfisch Bourdetto
Bakaliáros bourdétto

Das Wort *bourdétto* hat italienische, genauer gesagt venezianische Wurzeln und kommt von „brodetto", der Bezeichnung für eine Fischsuppe. Das griechische Bourdetto ist allerdings keine Suppe und es hat eine Besonderheit: das rote Paprikapulver, das sonst in der griechischen Küche unbekannt ist. Wahrscheinlich ist die Verwendung dieses Gewürzes auf den Handel mit den adriatischen Balkanhäfen zurückzuführen. Das würde auch erklären, warum Bourdetto nur auf den Inseln Paxos und Korfu bekannt ist, von denen aus man auf die albanische Küste hinüber sehen kann.

Für 4 Portionen

1 kg Klippfisch
1 Zwiebel
3 Knoblauchzehen
3 Tomaten
1 kg Kartoffeln
12 EL Olivenöl
2 TL edelsüßes Paprikapulver
Pfeffer
1 Bund Petersilie

1 Den Klippfisch mindestens 24 Stunden gründlich wässern, dabei das Wasser mehrfach wechseln. Am Tag der Zubereitung das Wasser in kurzen Abständen erneuern. Anschließend den Fisch häuten und in Portionsstücke schneiden.

2 Die Zwiebel schälen, den Knoblauch abziehen und beides fein hacken. Die Tomaten waschen und vierteln. Die Kartoffeln waschen, schälen und in grobe Stücke schneiden.

3 In einem flachen Topf das Öl leicht erhitzen und das Paprikapulver einrühren, ohne dass es anbrennt; es würde sonst bitter werden. Zwiebel und Knoblauch zugeben und kurz mitdünsten. Die Tomaten und die Kartoffeln zufügen und kurz im Öl anschmoren. Mit Wasser auffüllen und alles 10 bis 15 Minuten köcheln lassen.

4 Den Klippfisch zugeben und 40 bis 45 Minuten mitkochen lassen, bis sich die Sauce eingedickt ist. Mit Pfeffer würzen.

5 Die Petersilie waschen, die Blätter von den Stängeln zupfen, fein hacken und kurz vor dem Servieren über das Gericht streuen.

Variante: Gebackener Klippfisch

Ein in ganz Griechenland beliebtes Rezept ist *Bakaliáros tiganitós*. Gebackener Klippfisch wird auch gern als *mesé* zusammen mit *skordaliá* (Rezept siehe Seite 28) serviert.

600-700 g Klippfisch
300 ml Milch
200 g Mehl
2 TL Backpulver
300 ml Bier
Salz
Pflanzenöl zum Ausbacken
Mehl zum Wenden
2 Zitronen

1 Den ausreichend gewässerten Fisch (siehe oben, Step 1) in der Milch etwa 10 Minuten dünsten, bis er fast weich ist. Anschließend Haut und Gräten entfernen und den Fisch in Portionsstücke zerteilen.

2 Für den Ausbackteig das Mehl mit Backpulver und Bier zu einem glatten Teig verrühren und mit etwas Salz würzen.

3 Reichlich Öl in einer tiefen Pfanne erhitzen.

4 Die Fischstücke in Mehl wenden und das überschüssige Mehl abschütteln. Die Fischstücke einzeln durch den Bierteig ziehen und im heißen Fett von beiden Seiten goldgelb ausbacken.

5 Sofort heiß mit Zitronenachteln garniert servieren.

Tintenfische mit Reis
Kalamarákia me rísi

Im Sommer ist es ein besonderes Schauspiel, wenn in dunklen Neumondnächten ganze Prozessionen von Fischerbooten aufs Meer hinausfahren, um im Schein ihrer Petroleum- oder Gaslampen die durch das Licht angelockten Tintenfische fangen.
Da sich Tintenfische ohne Geschmacksverlust einfrieren lassen, können sie ganzjährig zubereitet werden. Zu diesem Gericht passt ein milder Retsina, der inzwischen von einigen Firmen in sehr guter Qualität angeboten wird.

Für 4 Portionen

½ kg Tintenfische (frisch oder tiefgefroren)
1 große Zwiebel
6 EL Olivenöl
8 EL Weißwein
⅛ l Tomatensaft
300 g Reis
1 Msp. Zimt
Pfeffer, Salz

1 Die frischen Tintenfische unter fließendem Wasser sorgfältig reinigen. Den Körper festhalten und die Tentakel herausziehen, oberhalb der Augen abschneiden, und den Knorpel zwischen den Tentakeln sowie die Membrane (eine Art Knochen) und den Tintensack entfernen. Tiefgefrorene Tintenfische sind meist bereits küchenfertig vorbereitet und müssen nur aufgetaut werden.
2 Die Tintenfische in schmale Streifen oder Ringe schneiden und die Tentakel ganz lassen. Nochmals alles waschen und leicht salzen.
3 Die Zwiebel schälen und reiben.
4 In einem Topf das Öl erhitzen und die Tintenfischteile zusammen mit den Tentakeln und der Zwiebel darin anbraten, bis sie Farbe angenommen haben.
5 Mit Wein ablöschen und etwa 40 Minuten mit geschlossenem Deckel köcheln lassen.
6 Den Tomatensaft mit etwas heißem Wasser angießen. Sobald die Flüssigkeit kocht, den Reis zugeben, pfeffern und leicht salzen, einmal umrühren und den Topf zudecken (das Verhältnis von Flüssigkeit zu Reis sollte 2:1 betragen, also 4 Tassen Flüssigkeit für 2 Tassen Reis). Alles bei geringer Hitze etwa 20 Minuten ziehen lassen, bis die Flüssigkeit verdunstet ist. Sollte der Reis dann noch nicht ganz durch sein, eventuell noch etwas heißes Wasser nachgießen.

Fisch und Meeresfrüchte

Gefüllte Tintenfische
Kalamarákia jemistá

Für 4 Portionen

8 mittelgroße Tintenfische, ca. 8-10 cm lang, mit Tentakeln

Für die Füllung:
1 Zwiebel
2 Frühlingszwiebeln
einige Stängel frischer Dill
6 EL Olivenöl
150 g Rundkornreis
Salz, Pfeffer, Muskatnuss
1/8 l Weißwein
3 EL Zitronensaft

1 Tintenfische unter fließendem kaltem Wasser waschen. Den Körper festhalten und die Tentakeln herausziehen, oberhalb der Augen abschneiden, und den Knorpel zwischen den Tentakeln entfernen. Für die Füllung die Tentakel in kleine Stücke schneiden.

2 Die Zwiebel schälen und fein hacken. Frühlingszwiebeln waschen und fein hacken. Den Dill waschen, die Spitzen von den Stängeln zupfen und klein schneiden.

3 In einem Topf 2 EL Olivenöl erhitzen, die Zwiebeln darin glasig werden lassen, die Tentakel zufügen und anbraten. Den Reis zugeben, kurz anbraten, etwas Wasser angießen, so dass der Reis knapp bedeckt ist, den Dill zugeben, mit Salz, Pfeffer und Muskat würzen und im offenen Topf etwa 5 bis 6 Minuten köcheln lassen, bis die Flüssigkeit verdampft ist.

4 Die Füllung löffelweise in die Tintenfischtuben geben, diese aber nicht zu prall füllen, da der Reis beim Kochen noch weiter aufquillt. Die Tintenfischbeutel mit Zahnstochern gut verschließen, damit die Füllung beim Kochen nicht herausquillt.

5 Die gefüllten Tintenfische in einen flachen Topf setzen, den Wein und gerade so viel Wasser angießen, dass die Tintenfische bedeckt sind, aufkochen und alles bei geringer Hitze zugedeckt etwa 30 bis 40 Minuten köcheln lassen. Größere Tintenfische brauchen länger, kleinere sind eher gar: Sie sind gerade richtig, sobald sie sich weich anfühlen, wenn man mit einem spitzen Messer hineinsticht.

6 Den Backofen auf 200 °C vorheizen. Die Tintenfische aus dem Topf nehmen und in eine feuerfeste Form legen, mit dem restlichen Öl und dem Zitronensaft übergießen und im Backofen etwa 10 bis 15 Minuten backen, bis sie eine goldgelbe Farbe angenommen haben.

7 Dazu schmeckt frisches, knuspriges Weißbrot besonders gut.

Für die Variante:
2 Zwiebeln
1/2 Bund Petersilie
1/4 kg Feta
100 g Tomatenmark
Salz, Pfeffer, Paprikapulver
1/4 l trockener Weißwein

Variante: Mit Käsefüllung

1 Die Tintenfische wie oben in Step 1 beschrieben vorbereiten.

2 Die Zwiebeln schälen und fein würfeln. Die Petersilie waschen, die Blätter von den Stängeln zupfen und fein hacken. Den Käse mit einer Gabel zerdrücken.

3 In einer Schüssel die zerkleinerten Tentakel mit Zwiebeln, Petersilie, Feta und Tomatenmark vermischen. Mit Salz, Pfeffer und Paprikapulver würzen.

4 Den Backofen auf 180 °C vorheizen. Die Füllung löffelweise in die Tintenfischbeutel geben. Die Tintenfischtuben mit Zahnstochern gut verschließen, damit beim Kochen nichts herausquillt.

5 Die gefüllten Tintenfische in eine Auflaufform legen und den Wein darüber gießen. Sofern noch etwas Füllung übrig geblieben ist, diese auch zugeben. Die Form für etwa 45 Minuten in den Backofen stellen. Auch hier gilt: Kleine Tintenfische sind eher gar als große, also mit einem spitzen Messer nach etwa 40 Minuten eine Garprobe machen.

6 Die gefüllten Tintenfische leicht abkühlen lassen, in dicke Scheiben schneiden und mit Reis servieren.

Fisch und Meeresfrüchte

Gefüllte Muscheln
Mídia jemistá

Für 4 Portionen

1 kg möglichst große Miesmuscheln
½ l Gemüsebrühe
¼ l Weißwein
2 Zwiebeln
4 EL Olivenöl
150 g Rundkornreis
Saft von ½ Zitrone
½ Bund Petersilie
½ Bund Dill
½ Bund frische Minze
1 EL Rosinen
1 EL Pinienkerne
Salz, Pfeffer
1 TL gemahlener Zimt
1 Glas eingelegte Weinblätter
2 Zitronen

1 Die Muscheln gründlich unter fließendem Wasser abbürsten, die anhaftenden Fäden abziehen, geöffnete und kaputte Muscheln aussortieren und wegwerfen.

2 Die Gemüsebrühe mit dem Wein in einem großen Topf aufkochen, die Muscheln hineingeben und im geschlossenen Topf bei geringer Hitze so lange dünsten, bis sie sich geöffnet haben. Anschließend die Muscheln aus dem Sud nehmen, geschlossene Muscheln aussortieren und wegwerfen. Den Sud beiseite stellen.

3 Die Zwiebeln schälen und sehr fein hacken. Das Olivenöl in einem Topf erhitzen, die Zwiebelwürfel darin andünsten, den Reis zufügen und unter Rühren glasig anschwitzen. 2 Tassen Muschelsud und den Zitronensaft dazugeben und alles zugedeckt 12 bis 15 Minuten köcheln lassen, bis die Flüssigkeit vollständig aufgesogen ist.

4 Inzwischen Petersilie, Dill und Minze waschen, die Blättchen von den Stängeln zupfen und fein hacken. Die Rosinen, Pinienkerne und gehackten Kräuter unter den Reis mischen, salzen, pfeffern, mit Zimt würzen und die Mischung abkühlen lassen.

5 Die Muscheln mit der Reismischung nicht zu prall füllen, da der Reis noch etwas aufquillt, zusammendrücken und mit Küchengarn zusammenbinden.

6 Die Weinblätter mit heißem Wasser abspülen. Den Boden eines breiten Topfes damit auslegen, die Muscheln darauf schichten, den restliche Muschelsud angießen und alles 15 bis 20 Minuten bei schwacher Hitze mit geschlossenem Deckel köcheln.

7 Die Muscheln aus dem Sud nehmen, in einer Schüssel anrichten, etwas Muschelsud darüber gießen und mit Zitronenachteln servieren.

Fisch und Meeresfrüchte

Μύδια με σκόρδο
Muscheln mit Knoblauch
Mídia me skórdo

Ein schnell zubereitetes Gericht, zu dem wir nur frisches Weißbrot essen. Als Getränk empfehlen wir einen weißen Robola.

1 Die Muscheln gründlich unter fließendem kaltem Wasser abbürsten, die Bärte entfernen, geöffnete und kaputte Muscheln aussortieren und wegwerfen.
2 Den Knoblauch abziehen und fein hacken.
3 In einem flachen Topf das Olivenöl erhitzen und den Knoblauch darin anbraten. Die Muscheln zugeben, den Deckel auflegen und den Topf einige Male schütteln, so dass alle Muscheln mit Öl bedeckt sind. Bei geringer Hitze 10 Minuten köcheln lassen.
4 Inzwischen die Petersilie waschen, die Blätter von den Stängel zupfen, fein hacken und zu den Muscheln in den Topf geben.
5 Wenn sich die Muscheln geöffnet haben, den Zitronensaft darüber gießen und gleich servieren. Geschlossene Muscheln aussortieren und wegwerfen.

Für 4 Portionen

1 kg Miesmuscheln
5 Knoblauchzehen
4 EL Olivenöl
2 Bund Petersilie
Saft von 1 Zitrone

Μύδια τηγανιτά
Gebackene Muscheln
Mídia tiganitá

Für dieses Rezept wird ausgelöstes Muschelfleisch benötigt. Sollten Sie es im Fachgeschäft nicht bekommen, können Sie Muscheln selbst auslösen (siehe dazu Rezept Muschelsaganaki, Seite 42).

1 Für den Ausbackteig das Mehl in eine Schüssel sieben und in die Mitte eine Mulde drücken. Das Öl, das Bier bzw. das Mineralwasser und das Eiweiß in die Mulde gießen, salzen und pfeffern. Die Zutaten in der Mulde vermischen, dabei immer mehr Mehl vom Rand mit dazunehmen und alles zu einem glatten Teig verrühren. Kurz ruhen lassen.
2 Inzwischen das Muschelfleisch waschen (tiefgefrorenes Muschelfleisch erst auftauen lassen) und auf Küchenpapier abtropfen lassen.
3 Reichlich Öl in einer großen Pfanne erhitzen. Die Muscheln im Teig wälzen und Stück für Stück im heißem Öl ausbacken, herausnehmen und auf Küchenpapier kurz abtropfen lassen. Die gebackenen Muscheln heiß servieren.

Für 4 Portionen

150 g Mehl
1 EL Olivenöl
150 ml Bier oder Wasser mit Kohlensäure
2 Eiweiße
Salz, Pfeffer
300 g Muschelfleisch (frisch oder tiefgefroren)
Öl zum Ausbacken

Fisch und Meeresfrüchte

Κρέας και πουλερικά
Fleisch und Geflügel
Kréas ke pouleriká

Ein Blick in die Vergangenheit zeigt, warum früher in Griechenland vor allem Schafe und Ziegen als Fleischlieferanten dienten. In der Antike war nur über das Wasser ein schnelles Vorwärtskommen gesichert. Folglich wurden die Wälder geschlagen, um Holz für den Schiffsbau zu gewinnen. Die Abholzung führte zur Verkarstung der Landschaft und es entwickelten sich neue, niedrigere Vegetationsformen. Sie boten den Ziegen und Schafen Nahrung. Fleisch, Wolle, Milch und die daraus gewonnene Butter sowie Käse sicherten das Überleben der Menschen. Daneben hielt man sich Hühner, vor allem zum Eierlegen. Lediglich Schweine wurden ausschließlich zur Fleischgewinnung gehalten, jedoch nur zu Festtagen geschlachtet. In der modernen griechische Küche spielt natürlich auch Rind- und Kalbfleisch eine große Rolle.

Bauernwürste mit Paprikaschoten

Spetsofái

Für 4 Portionen

2 Zwiebeln
1 kg grüne Paprikaschoten
4 Bauernwürste
12 EL Olivenöl
1 kg passierte Tomaten
1 Prise Zucker
Salz, Pfeffer

Das Píliongebirge ist bekannt wegen seiner endlosen Kastanienwälder und Obstgärten, seiner prächtigen Herrschaftshäuser und nicht zuletzt wegen *spetsofái*, seiner kulinarischen Spezialität. Die hierzu verwendeten Würste sind grobe Schweinswürste, die Sie durch Schwarzwälder Bauernbratwürste, Polnische, Pfälzer oder auch Kabanossi ersetzen können, wenn Sie die griechischen Würste nicht bekommen.

1 Die Zwiebeln schälen und fein hacken. Die Paprikaschoten waschen, putzen und in mundgerechte Stücke schneiden. Die Wurst in Scheiben schneiden – falls sie zu fett ist, kurz in einer Pfanne separat anbraten und das Bratfett anschließend abgießen.
2 Das Öl in einem Topf erhitzen und die Zwiebel darin andünsten. Paprika und Wurst darin anbraten. Das Tomatenpüre zugeben, etwas zuckern, salzen und pfeffern.
3 Alles bei geringer Hitze etwa 20 Minuten köcheln lassen, bis die Flüssigkeit verdunstet ist und eine dickliche Sauce zurückbleibt.

Fleischröllchen in Tomatensauce

Soutsoukákia

Für 4 Portionen

100 g altbackenes Weißbrot ohne Rinde
1 Zwiebel
2 Knoblauchzehen
1/2 Bund Petersilie, 1 Ei
1/2 kg Rinderhackfleisch
Salz, Pfeffer
gemahlener Kreuzkümmel
2 EL Mehl, Öl zum Ausbacken

Für die Sauce:
2 reife Tomaten
150 ml Tomatensaft
4 EL Öl
1 TL gemahlener Kreuzkümmel
Salz

1 Das Brot 15 Minuten in Wasser einweichen und anschließend gut ausdrücken.
2 Die Zwiebel schälen und reiben. Den Knoblauch abziehen und fein hacken. Die Petersilie waschen, die Blätter von den groben Stängel zupfen und fein hacken.
3 In einer Schüssel das Ei mit dem ausgedrückten Brot, Zwiebel, Knoblauch, Petersilie und Hackfleisch mischen und mit Salz, Pfeffer und Kreuzkümmel würzen.
4 Aus dem Teig eigroße längliche Röllchen formen und mit Mehl bestäuben. In einer Pfanne etwas Öl erhitzen und das Fleisch darin in etwa 10 Minuten rundum braten.
5 Den Backofen auf 170 °C vorheizen. Die Tomaten überbrühen, häuten, entkernen und das Fruchtfleisch sehr fein hacken. Zusammen mit den restlichen Zutaten und wenig Wasser in einen Topf geben, kurz aufkochen und 30 Minuten köcheln lassen, bis eine dickliche Sauce entsteht.
6 Die Sauce in eine feuerfeste Form gießen, die Fleischröllchen einlegen und alles zusammen 15 Minuten im Backofen garen. Mit Reis servieren.

Fleisch und Geflügel

Γιουβαρλάκια
Reis- und Hackfleischbällchen in Zitronensauce
Jouvarlákia

Die Kleinstadt Karditsa liegt in der thessalischen Ebene, einer Landschaft im Herzen Griechenlands, die viele Touristen auf ihrem Weg zu den Meteoraklöstern kaum wahrnehmen. Es war schon Nachmittag, als wir auf unserer Reise Hunger verspürten und in einer Nebenstrasse dieser eher unscheinbaren Stadt ein kleines Restaurant entdeckten, in dem noch Gäste beim Essen saßen. *Jouvarlákia* habe er noch, sagte der Wirt, und führte uns in die Küche, wo tatsächlich noch zwei Portionen dieser Fleischbällchen in ihrer Ei-Zitronen-Sauce auf ihre Abnehmer warteten. Sie waren gerade das Richtige für unseren Heißhunger und schmeckten ganz vorzüglich. Nach einem Rezept seiner Großmutter seien die Fleischbällchen, erläuterte der Wirt, als er uns beim Essen Gesellschaft leistete.

1 Das Hackfleisch in einer Schüssel mit einer Gabel auflockern. Die Zwiebel schälen, sehr klein hacken und zum Fleisch geben. Den Reis und das Öl zufügen.

2 Die Petersilie waschen und trockenschütteln. 16 Petersilienstängel beiseite legen. Die Blätter von den übrigen Stängel zupfen, etwa die Hälfte davon beiseite legen, die restlichen Petersilienblätter fein hacken und ebenfalls in die Schüssel geben.

3 Die Eier trennen, das Eiweiß zum Fleisch geben und das Eigelb in einer Schüssel kühl stellen.

4 Alle Zutaten in der Schüssel mit Salz und Pfeffer würzen und zu einem geschmeidigen Teig vermischen. Aus der Masse 8 kleine zylinderförmige Bällchen formen. Die Bällchen mit Petersilienblättern einwickeln. Je zwei Petersilienstängel von ca. 15 Zentimeter Länge entgegengesetzt nebeneinander legen, ein Bällchen darauflegen und die Stängel verknoten.

5 Die Butter zerlassen und über die eingewickelten Bällchen gießen. Erneut pfeffern und salzen und so viel Wasser angießen, dass die Bällchen fast bedeckt sind. Damit sie sich beim Kochen nicht bewegen, einen umgedrehten Teller auflegen und diesen beschweren. Die Fleischbällchen bei sehr geringer Hitze etwa 45 Minuten dünsten.

6 Das beiseite gestellte Eigelb in der Schüssel verquirlen und dabei nach und nach den Zitronensaft und die Speisestärke einrühren.

7 Den Teller von den Bällchen nehmen. Die Sauce über die *jouvarlákia* gießen, den Topf hin- und herschwenken, damit sich die Sauce mit der übrigen Flüssigkeit gut vermischt und noch einige Minuten auf dem ausgeschalteten Herd lassen, bis die Sauce ein wenig eingedickt ist.

Für 4 Portionen

650 g Rinderhackfleisch
1 Zwiebel
75 g Reis
1 EL Olivenöl
2 Bund Petersilie
2 Eier
Salz, Pfeffer
3 EL Butter
Saft von 1 kleinen Zitrone
2 TL Speisestärke

Variante: Statt der Zitronen-Ei-Sauce können Sie auch eine Béchamelsauce (Rezept Seite 72) verwenden.

Fleisch und Geflügel 117

Nudelauflauf Pastítsio
Pastítsio

Pastítsio gehört zu den klassischen Gerichten, das man bei jedem „Griechen um die Ecke" angeboten bekommt. Sie sollten es einmal selbst zubereiten und frisch aus dem Backofen genießen. Sie werden angenehm überrascht sein, vor allem, wenn Sie den Auflauf bisher nur kalt oder nach Tagen in der Mikrowelle aufgewärmt kennengelernt haben.

Für 4–6 Portionen

1 große Zwiebel
1 Dose Tomaten
½ Bund Petersilie
8 EL Olivenöl
1 kg Hackfleisch (Rind oder Lamm)
1 EL Tomatenmark
Salz, Pfeffer
120 g Kefalotiri, Kaséri oder Graviéra (alternativ Parmesan)
1 Ei
½ kg Makkaroni
50 g Butter
Semmelbrösel

Für die Béchamelsauce:
6 EL Butter
6 EL Mehl
900 ml lauwarme Milch
Salz, Pfeffer
Muskatnuss
3 Eier

1 Die Zwiebel schälen. Die Tomaten aus der Dose nehmen und fein hacken. Die Petersilie waschen, die Blätter von den Stängeln zupfen und fein hacken.

2 Das Öl in einem Topf erhitzen, die Zwiebel fein hineinreiben und kurz andünsten. Das Hackfleisch zufügen und unter ständigem Rühren scharf anbraten.

3 Die gehackten Tomaten mit der Flüssigkeit aus der Dose zugeben und unter das Fleisch rühren. Das Tomatenmark einrühren, die Petersilie einstreuen, salzen und pfeffern. Alles zugedeckt bei geringer Hitze 30 bis 35 Minuten köcheln lassen, bis die Sauce dicklich einkocht. Vom Herd nehmen und abkühlen lassen.

4 Den Käse reiben. In einer kleinen Schüssel das Ei verquirlen und mit etwa einem Viertel des Käses vermischen. Die Mischung unter das abgekühlte Fleisch rühren.

5 In der Zwischenzeit die Makkaroni in sprudelnd kochendes Salzwasser geben und in 10 Minuten bissfest kochen. Abgießen, kalt abbrausen und abtropfen lassen. Die Butter und den restlichen Käse untermischen.

6 Den Backofen auf 200 °C vorheizen. Für die Béchamelsauce die Butter in einem Topf zerlassen, das gesiebte Mehl mit einem Schneebesen nach und nach einrühren und hell anschwitzen. Bei geringer Hitze nach und nach die Milch einrühren und köcheln lassen, bis eine sämige Sauce entsteht. Die Sauce vom Herd nehmen, mit Salz, Pfeffer und Muskatnuss würzen. Die Eier verquirlen und unter die Sauce ziehen.

7 Eine Auflaufform (ca. 30 cm x 40 cm) einfetten und mit Semmelbröseln ausstreuen. Die Hälfte der Makkaroni gleichmäßig auslegen, darauf das Hackfleisch verteilen und mit den restlichen Makkaroni bedecken. Die Béchamelsauce auf der Oberfläche verstreichen.

8 Die Form in den Backofen schieben und den Nudelauflauf etwa 40 Minuten backen, bis die Oberfläche gut Farbe angenommen hat.

Fleisch und Geflügel

Hackfleischfrikadellen
Keftedákia

Für 4 Portionen

160 g altbackenes Brot
etwas Wasser oder Milch
4-5 große Zwiebeln
1 Knoblauchzehe
800 g Hackfleisch
(halb Rind, halb Schwein)
2 kleine Eier
2 EL Öl
Oregano, Salz, Pfeffer
(nach Belieben Kreuzkümmel,
getrocknete Minze)
evtl. 1 EL Grieß
Mehl
Öl zum Braten

Für die Variante:
80 g altbackenes Brot
2 Zwiebeln
1 Knoblauchzehe
600 g Rinderhackfleisch
2 kleine Eier
2 EL Öl
Oregano, Salz, Pfeffer
½ TL Kreuzkümmel
evtl. 1 EL Grieß

Für die Füllung:
175 g Feta

Wenn griechische Eltern ihren im Ausland studierenden Kindern etwas schicken, sind immer auch *keftedákia* (Zärtlichkeitsform von *keftédes*) dabei, die im erkalteten Zustand köstlich schmecken. Auch ein Partybuffet ohne *keftédes* ist unvorstellbar. Ähnliches gibt es in vielen anderen Küchen, und doch können die griechischen *keftédes* nie mit Fleischküchlein, Fleischpflanzerln, Frikadellen oder Bouletten verglichen werden. Den Unterschied machen eben die Gewürze und vor allem das Olivenöl aus, in dem sie gebraten werden. Griechen essen ihre Frikadellen übrigens am liebsten mit ... Pommes Frites!

1 Das Brot entrinden und in etwas Wasser oder Milch 10 Minuten einweichen. Anschließend mit den Händen gut ausdrücken.
2 Inzwischen die Zwiebeln und den Knoblauch abziehen und fein hacken.
3 Das Hackfleisch in eine Schüssel geben. Die Eier, die Brotmasse, die Zwiebeln, den Knoblauch und das Öl zufügen. Mit Oregano, Pfeffer und Salz und nach Belieben mit Kreuzkümmel und Minze würzen und alles zu einem geschmeidigen Teig verrühren.
4 Den Hackfleischteig für 1 bis 2 Stunden in den Kühlschrank stellen, damit er fester wird. Nach Bedarf etwas Grieß untermischen.
5 Aus dem Fleischteig Bällchen von etwa 3 Zentimeter Durchmesser formen, etwas flach drücken, da sie sich in der Pfanne wieder runden, und mit Mehl bestäuben.
6 Reichlich Öl stark erhitzen und die Bällchen darin in etwa 8 bis 10 Minuten unter Wenden braten, bis sie ringsherum knusprigbraun sind.

Variante: Mit Schafskäse gefüllte *biftékia*

1 Einen Hackfleischteig wie oben angegeben vorbereiten. Den Käse würfeln.
2 Den Fleischteig in 8 Portionen teilen und aus jeder Portion einen Fladen formen. Jeweils auf eine Hälfte eines Hackfleischfladens einen Teil der Käsewürfel geben, die andere Fladenhälfte darüber klappen und die Ränder fest zusammendrücken, damit der Käse beim Braten nicht ausläuft.
3 Die gefüllten Frikadellen im heißen Öl von jeder Seite etwa 8 bis 10 Minuten braten oder über Holzkohle grillen.

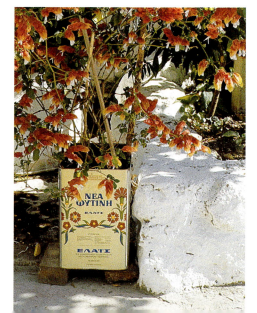

120 | Fleisch und Geflügel

Lammfleisch mit Joghurt
Arní me jaoúrti

1 Den Backofen auf 180 °C vorheizen. Das Fleisch unter fließendem kaltem Wasser waschen und mit Küchenpapier trocknen.
2 Das Fleisch mit Salz, Pfeffer, Zitronensaft und Butterflöckchen einreiben und in eine Bratform oder Bratreine legen. Die Form in den Backofen stellen und das Fleisch etwa 1 3/4 Stunden schmoren lassen, dabei immer wieder mit dem Bratfond bestreichen.
3 Nach der angegebenen Zeit den Joghurt mit dem Öl glattrühren, über die Keule gießen und gleichmäßig verteilen. Das Fleisch für weitere 15 bis 20 Minuten in den Ofen stellen.
4 Mit Kartoffeln oder Reis servieren.

Für 4 Portionen

1 ½ kg Lammfleisch aus der Keule
Salz, Pfeffer
Saft von 1 Zitrone
75 g Butter
750 g fester Joghurt
7-8 EL Olivenöl

Lamm mit Endivien und Zitronen-Ei
Arnáki me antídia ke avgolémono

1 Die Endivien putzen, waschen und klein schneiden. In kochendem Wasser 5 Minuten blanchieren, anschließend das Wasser abgießen und die Endivien abtropfen lassen.
2 Das Fleisch unter fließendem kaltem Wasser waschen, trockentupfen und in größere Stücke schneiden.
3 Die Zwiebel schälen und sehr fein hacken. Die Petersilie waschen, die Blätter von den groben Stängeln zupfen und fein hacken.
4 In einem tiefen Topf das Öl erhitzen und das Fleisch darin scharf anbraten. Die Zwiebel zugeben, salzen und pfeffern. Sobald die Zwiebel Farbe angenommen hat, die Endivien und die Petersilie sowie eine große Tasse Wasser zum Fleisch geben.
5 Das Fleisch etwa 1 Stunde im geschlossenem Topf schmoren lassen, bis es weich ist; wenn nötig etwas heißes Wasser nachgießen.
6 In einer kleinen Schüssel die Eier verrühren und nach und nach den Zitronensaft einrühren. Löffelweise etwas heißen Sud aus dem Topf einrühren. Die Sauce kurz vor dem Servieren über das Fleisch gießen.

Für 4 Portionen

1 kg Endivien
1 kg Lamm- oder Ziegenfleisch ohne Knochen (Schultergrad oder Brust)
1 große Zwiebel
½ Bund Petersilie
12 EL Olivenöl

Für die Sauce:
2 Eier
Saft von 1 Zitrone

Fleisch und Geflügel

Klephtenlamm
Arnáki kléphtiko

Die Klephten waren im 19. Jahrhundert wilde landlose Gesellen auf dem Peloponnes, die sich ihren Lebensunterhalt zusammenstehlen mussten. Deshalb nannte man sie *kléphtes* (Diebe). Sie erwarben sich später aber hohes Ansehen, da sie sich beim Befreiungskampf gegen die Türkenherrschaft durch Mut ausgezeichnet haben. Dieses Gericht ist nach den Klephten benannt, da die ursprüngliche Zubereitungsart auf ihre Kochgewohnheiten zurückgeht: Es wurde im Freien eine Grube gegraben, in der das Fleisch zubereitet wurde. Damit der Fleischduft nicht unliebsame Mitesser anlocken konnte, wurde die Kochgrube mit Reisig, Erde und Blättern verschlossen. Das Fleisch garte auf diese Weise langsam auf glimmenden Holzscheiten und war nach Stunden schließlich fertig. Heutzutage benutzen wir natürlich einen Ofen – das Aroma ändert sich dadurch zwar, aber das Klephtenlamm schmeckt auch in der modifizierten Form ausgesprochen lecker!

Für 4 Portionen

1 kg Lammfleisch ohne Knochen (Keule oder Schulter)
Salz, Pfeffer, Oregano
3 EL Zitronensaft
9 EL Olivenöl
3 Möhren
250 g ausgepalte Erbsen (frisch oder tiefgefroren)
3 große Kartoffeln
2 ungeschälte Knoblauchzehen
4 kleine Fladenbrote
2 große Tomaten
200 g geriebener Graviéra (alternativ Gruyère, Emmentaler)
4 Stück Pergamentpapier oder Alufolie (je 50 cm x 50 cm)

1 Das Lammfleisch in 4 Portionsstücke teilen und in eine flache Form legen. Mit Salz, Pfeffer, Oregano, Zitronensaft und 1 Esslöffel Öl einreiben. Das Fleisch zugedeckt etwa 1 Stunde ruhen lassen, damit die Gewürze einziehen können.

2 Die Möhren waschen, putzen und in Scheiben schneiden. Salzwasser in einem Topf erhitzen, die Möhren und Erbsen darin 10 Minuten garen und wieder abgießen. 3 Esslöffel Öl in einer Pfanne erhitzen und das Gemüse darin schwenken.

3 Die Kartoffeln waschen, schälen und in kleine Würfel schneiden.

4 In einem tiefen Topf 3 Esslöffel Öl erhitzen und gewürzten Fleischstücke darin scharf anbraten. Die Kartoffelwürfel und die ungeschälten Knoblauchzehen zufügen und kurz mitbraten.

5 Das restliche Öl in einer Pfanne erhitzen und die Fladenbrote beidseitig anrösten.

6 Den Backofen auf 170 ºC vorheizen. Tomaten waschen, Stielansätze entfernen und jede Tomate in 4 Scheiben schneiden.

7 Auf jedes Stück Pergamentpapier oder Alufolie 1 Brotfladen legen. Darauf je 1 Stück Fleisch setzen und mit Möhren, Erbsen, Kartoffeln und Käse belegen. Je 2 Tomatenscheiben auflegen, salzen und pfeffern. Das Papier oder die Folie so um die Zutaten wickeln oder falten, dass aus den Päckchen keine Flüssigkeit auslaufen kann. Mit Küchenzwirn verschnüren. Die Päckchen auf ein kaltes Backblech setzen und für 1 Stunde in den vorgeheizten Backofen stellen.

8 Vor dem Servieren das Pergamentpapier bzw. die Alufolie entfernen und den Inhalt auf Tellern servieren.

Zickleinkeule aus dem Backofen
Katsikáki boúti ston phoúrno

Für 4 Portionen

1 Zickleinkeule, ca. 1,2 kg
4 Knoblauchzehen
800 g mittelgroße Kartoffeln
Salz, Pfeffer, 1 TL Oregano
1 EL Butter
6 EL Olivenöl
Saft von 1 Zitrone

1 Den Backofen auf 200 °C vorheizen. Die Keule unter kaltem Wasser waschen und mit Küchenpapier abtrocknen.

2 Den Knoblauch abziehen und in Stifte schneiden. Mit einem spitzen Messer die Knoblauchsplitter in das Fleisch spicken; dafür das Messer sehr flach einstechen, die Klinge dabei etwas schräg halten und beim Herausziehen einen Knoblauchstift einschieben. Die Keule auf ein Backblech legen oder in eine große Bratreine setzen.

3 Die Kartoffeln schälen, längs halbieren, auf der gewölbten Seite jeweils quer drei Einschnitte anbringen und mit der Schnittseite nach unten um die Keule herum legen.

4 Das Fleisch und die Kartoffeln mit Salz, Pfeffer und Oregano würzen, die Butter in Flöckchen gleichmäßig darauf verteilen. Alles mit Öl begießen. Den Zitronensaft nur über das Fleisch gießen, nicht über die Kartoffeln, da sie sonst hart bleiben.

5 Alles im Ofen 1 ½ Stunden schmoren. Zum Ende der Garzeit mit einem spitzen Messer prüfen, ob das Fleisch gar ist: Die Keule ist fertig, wenn der austretende Fleischsaft klar ist.

6 Sollten Fleisch und Kartoffeln zu schnell Farbe annehmen, ein Stück Alufolie über das Ganze legen oder die Hitze zurücknehmen, eventuell etwas heißes Wasser zugießen.

Ziegenfleisch mit Reis
Katsikáki me piláfi

Für 4 Portionen

1 kg Ziegenfleisch ohne Knochen
(Schulter oder Brust)
1 Zwiebel
12 EL Olivenöl
½ kg Tomaten
Salz, Pfeffer
½ TL gemahlener Zimt
300 g Reis

1 Das Fleisch unter fließendem kaltem Wasser waschen, mit Küchenpapier abtrocknen und in große Portionen schneiden. Die Zwiebel schälen und würfeln.

2 Das Öl in einem Topf erhitzen und das Fleisch mit den Zwiebeln darin anbraten. Ein wenig Wasser angießen und alles 40 Minuten schmoren lassen.

3 Inzwischen die Tomaten mit heißem Wasser überbrühen, häuten, Stielansätze und Kerne entfernen und das Fruchtfleisch würfeln. Die Tomaten zum Fleisch geben, alles mit Salz, Pfeffer und Zimt würzen und für weitere 30 Minuten mitköcheln lassen.

4 Den Reis zum Fleisch geben. Nach Bedarf noch etwas Wasser angießen, damit etwa doppelt so viel Kochflüssigkeit wie Reis vorhanden ist. Kurz aufkochen lassen und zugedeckt bei geringer Hitze etwa 15 Minuten köcheln lassen, bis die Flüssigkeit verdunstet ist. Vor dem Servieren noch einmal gut umrühren.

124 | **Fleisch und Geflügel**

Fleischtopf mit Nudeln
Giouvétsi me kritharáki

Das Gericht ist wahrscheinlich durch Flüchtlinge aus Konstantinopel und Smyrna nach Griechenland gekommen. Die kleinen feuerfesten Keramikgefäße (*giouvétsi*) in denen es portionsweise serviert wird, geben dem Gericht seinen Namen. Da es sich jedoch nicht lohnt, nur wegen dieses einen Gerichtes die kleinen Keramikgefäße anzuschaffen, schlagen wir vor, es in einer feuerfesten Glasform zuzubereiten.

1 Den Backofen auf 200 °C vorheizen. Das Fleisch unter fließendem kaltem Wasser waschen, abtrocknen, in Portionsstücke schneiden und in eine feuerfeste Form geben.
2 Die Tomaten mit heißem Wasser überbrühen, häuten, Stielansätze und Kerne entfernen und das Fruchtfleisch fein würfeln. Zusammen mit dem Öl zum Fleisch geben. Mit Salz, Pfeffer und Zimt würzen. Etwa 1 Tasse Wasser zum Fleisch geben, die Form in den Backofen stellen und das Fleisch 1 $\frac{1}{4}$ Stunden schmoren.
3 Die Nudeln zugeben, etwa 2 Tassen heißes Wasser zugießen, alles umrühren und für weitere 15 Minuten in den Backofen stellen. Anschließend noch etwa 10 Minuten im ausgeschalteten Backofen ruhen lassen. Mit Käse bestreut servieren.

Für 4 Portionen

1 kg Fleisch vom Rind (Hals, Schultergrat, Brust), Lamm (Schulter, Brust) oder Huhn
4-5 reife Tomaten
12 EL Olivenöl
Salz, Pfeffer
1 Msp. gemahlener Zimt
300 g Kritharáki (reiskorngroße Nudeln, erhältlich in griechischen Lebensmittelgeschäften)
30 g geriebener Käse (Kefalotiri oder Pecorino)

Lammfleisch
mit Kichererbsen
Arní me revíthia

1 Die Kichererbsen am Vorabend in kaltem Wasser mit Natron einweichen. Am nächsten Tag das Wasser abgießen und die Kichererbsen gründlich waschen.
2 Das Fleisch unter fließendem kaltem Wasser abwaschen, trockentupfen und in Würfel schneiden. Die Zwiebeln schälen und vierteln. Die Tomaten mit heißem Wasser überbrühen, häuten, Stielansätze und Kerne entfernen und das Fruchtfleisch würfeln.
3 In einem Topf das Öl erhitzen und das Fleisch mit Zwiebeln darin rundum anbraten.
4 Die Tomatenstücke untermischen, salzen und pfeffern. Mit Wasser auffüllen, bis das Fleisch gut bedeckt ist und alles zum Kochen bringen.
5 Die Kichererbsen zufügen, eventuell noch etwas Wasser nachgießen und alles etwa 1 Stunde kochen lassen, bis die Kichererbsen weich sind.

Für 4 Portionen

$\frac{1}{2}$ kg Kichererbsen
1 Msp. Natron
1 kg Lammfleisch (Nacken oder Brust)
2 Zwiebeln
$\frac{1}{2}$ kg Tomaten
12 EL Olivenöl
Salz, Pfeffer

Fleisch und Geflügel

Hasenstiffado
Lagós stiffádo

Für 4-6 Portionen

1 küchenfertiger Hase, ca. 1 ½ kg

Für die Marinade:
3 Knoblauchzehen
6 EL Olivenöl
15 EL trockener Rotwein
2 EL Rotweinessig
2 Lorbeerblätter
10 Pfefferkörner
10 Pimentkörner

Für das Stiffado:
2 kg sehr kleine Zwiebeln
12 EL Olivenöl, 7 EL Essig
Salz, Pfeffer
3 Knoblauchzehen
2 Lorbeerblätter
5 Pimentkörner
1 Zimtstange

Stiffádo nennt man alle Schmorgerichte mit kleinen Zwiebelchen. Die Zimtstange in der Zutatenliste ist schon ein Hinweis, dass das Gericht aus dem Orient stammt. *Stiffádo* lässt sich sowohl mit Kaninchen- oder Rindfleisch als auch mit Fisch zubereiten. Am besten gelingt es mit möglichst kleinen, jungen Zwiebeln. *Stiffádo* wird ohne Beilage gegessen, da die Zwiebeln anderes Gemüse überflüssig machen.

Wir präsentieren Ihnen hier das Rezept für ein Hasenstiffado von der Insel Euböa. Wenn Sie anderes Fleisch oder Fisch verwenden, lassen Sie einfach die Marinade weg. Zu dieser Köstlichkeit passt zum Beispiel ein Ajorjítiko, ein Wein aus Neméa.

1 Den Hasen in Portionsstücke zerlegen, ohne ihn zu waschen.

2 Für die Marinade den Knoblauch abziehen. In einer großen Schüssel alle Zutaten für die Mariande miteinander vermischen. Die Hasenteile einlegen, zudecken und an einem kühlen Ort 24 bis 48 Stunden ziehen lassen.

3 Die Zwiebeln ungeschält blanchieren, nicht abgießen, sondern 1 Stunde im Wasser auskühlen lassen. Dadurch verlieren sie ihre Schärfe und lassen sich leichter schälen.

4 Die Zwiebeln schälen und die Hälfte in einen feuerfesten Keramiktopf legen.

5 Die Marinade abgießen und das Fleisch in einem Sieb abtropfen lassen. Auf die Zwiebeln legen und mit den restlichen Zwiebeln bedecken. Öl, Essig und 1 Tasse Wasser aufgießen, salzen und pfeffern. Den Knoblauch abziehen und zusammen mit Lorbeerblättern, Pimentkörnern und Zimtstange zum Fleisch geben. Das Fleisch bei großer Hitze kurz aufkochen und zugedeckt 1 ½ Stunden sanft schmoren lassen.

Wachteln in Wein
Ortíkia krasáta

Für 4 Portionen

8 küchenfertige Wachteln
Pfeffer, Oregano, Salz
3 EL Olivenöl
50 g Butter
¼ l Weißwein
Saft von 1 Zitrone

Zu den zarten Wildvögeln empfehlen wir einen frischen Salat, etwa einen Romano mit Dill. Das Rezept dazu finden Sie auf Seite 48.

1 Die Wachteln unter fließendem kaltem Wasser innen und außen waschen und sorgfältig trockentupfen. Innen und außen mit Pfeffer, Oregano und wenig Salz einreiben.

2 In einem Topf das Öl mit der Butter erhitzen und die Wachteln darin unter häufigem Wenden anbraten, bis sie ordentlich Farbe angenommen haben.

3 Den Wein und den Zitronensaft angießen, sofort den Deckel auflegen und die Wachteln 30 bis 35 Minuten leise köcheln lassen, bis die Flüssigkeit fast völlig verdunstet ist.

Fleisch und Geflügel

Κρέας ριγανάτο
Fleisch in Oreganosud
Kréas riganáto

Für 4 Portionen

1 kg Lamm- oder Ziegenfleisch
(Keule oder Schulter)
oder Huhn
Salz, Pfeffer
5-6 Knoblauchzehen, 6 EL Öl
4 EL Weißwein
1 EL getrockneter Oregano
Saft von 1 Zitrone

1 Das Fleisch waschen, mit Küchenpapier abtrocknen und in mundgerechte Stücke schneiden; salzen und pfeffern. Den Knoblauch abziehen und in dünne Scheibchen schneiden.
2 In einem weiten Topf das Öl erhitzen und das Fleisch darin anbraten, bis es Farbe angenommen hat. Den Knoblauch zufügen und ebenfalls etwas anbraten.
3 Wein angießen und Oregano einstreuen. So viel Wasser zugießen, dass das Fleisch gerade bedeckt ist. Den Deckel auflegen und alles bei geringer Hitze etwa 1 Stunde köcheln lassen. Bei Bedarf etwas heißes Wasser nachgießen. Am Ende der Garzeit sollte die Flüssigkeit vollständig verdunstet sein.
4 Das Fleisch mit Zitronensaft würzen und mit Reis oder Kartoffeln servieren.

Κρέας με μελιτζάνες
Fleischtopf mit Auberginen
Kréas me melitsánes

Für 4 Portionen

1 kg Auberginen
3-4 reife Tomaten
2-3 Knoblauchzehen
800 g Kalbfleisch (Oberschale)
12 EL Olivenöl
⅛ l Weißwein
1 Zimtstange, Salz, Pfeffer

1 Die Auberginen waschen, putzen, in Scheiben schneiden, gut salzen und 1 Stunde ruhen lassen, damit sie Wasser ziehen können.
2 Die Tomaten mit heißem Wasser überbrühen, häuten, die Stielansätze und Kerne entfernen und das Fruchtfleisch in kleine Würfel schneiden. Den Knoblauch abziehen und fein hacken.
3 Das Fleisch in mittelgroße Stücke schneiden. In einem Topf die Hälfte des Öls erhitzen und die Fleischstücke darin scharf anbraten.
4 Den Wein angießen, die Tomaten und den Knoblauch zugeben, die Zimtstange einlegen, salzen und pfeffern. Den Deckel auflegen und alles 50 bis 60 Minuten schmoren.
5 In der Zwischenzeit die Auberginenscheiben unter fließendem kaltem Wasser abwaschen und gründlich trockentupfen. Das restliche Öl in einer Pfanne erhitzen und die Auberginenscheiben darin beidseitig anrösten. Die Auberginenscheiben in den letzten 5 Minuten zum Fleisch geben.

128 | **Fleisch und Geflügel**

Schweinefleisch mit Honig und Thymian
Chirinó me méli ke thimári

Zu diesem köstlich aromatischen Gericht passt ein vollmundiger Weißwein aus Attika, etwa ein Rodítis oder ein Savatianó, besonders gut.

1 Das Fleisch in mittelgroße Stücke schneiden, die Knorpel belassen.
2 Den Knoblauch abziehen und in kleine Scheiben schneiden. Die Zwiebeln schälen und fein hacken. Die Selleriestange waschen, die Fäden abziehen und die Stange in dünne Scheiben schneiden. Die Scheibe der Sellerieknolle schälen und würfeln.
3 So viel Öl in einen Topf gießen, dass der Boden gerade bedeckt ist, erhitzen und das Fleisch darin von allen Seiten 10 Minuten anbraten.
4 Sobald das Fleisch Farbe angenommen hat, den Knoblauch, die Zwiebeln und beide Selleriesorten zugeben.
5 Den Honig mit Wein verrühren und über das Fleisch gießen. Mit den getrockneten Kräutern, Salz und Pfeffer würzen. Das Gericht 30 Minuten köcheln lassen.
6 In der Zwischenzeit den Backofengrill vorheizen. Das Fleisch in eine Bratreine geben, mit einigen Löffeln Sauce überziehen und für 10 Minuten unter den Grill stellen. Die restliche Sauce warm stellen.
7 Das Fleisch auf einer Platte anrichten und mit dem frischen Thymianzweig garnieren. Mit Reis oder Kartoffeln und dem Rest der Sauce servieren.

Für 4 Portionen

1 ½ kg nicht zu fetter Schweinebauch und Schälrippchen
4 Knoblauchzehen
2 mittelgroße Zwiebel
1 Selleriestange
6 EL Olivenöl
1 Scheibe Sellerieknolle, ca. 60 g
1 EL Honig
15 EL Rotwein
2 TL getrockneter Thymian
1 TL getrockneter Rosmarin
Salz, Pfeffer
1 Zweig frischer Thymian

Fleisch und Geflügel

Χοιοινό με κυδώνια
Schweinefleisch mit Quitten
Chirinó me kidónia

Quitten werden nur in wenigen Landstrichen als Gemüse mit Fleisch zubereitet. Aus dem Osten Kretas, aus der Gegend um Sitia und Chersonnisso, stammt dieses Rezept.

Für 4 Portionen

½ kg reife Tomaten
6 EL Olivenöl
800 g mageres Schweinefleisch
(Schulter oder Keule)
Salz, Pfeffer
1 kg Quitten
1 TL Zucker
1 EL Honig
Muskatnuss

1 Die Tomaten mit heißem Wasser überbrühen, häuten, die Stielansätze und Kerne entfernen und das Fruchtfleisch in Würfel schneiden.
2 Das Öl in einem Topf erhitzen und das Fleisch darin scharf anbraten, salzen und pfeffern. Die Tomaten zufügen, kurz anschmoren und mit Wasser ablöschen.
3 Die Temperatur reduzieren und alles bei geschlossenem Deckel 1 Stunde schmoren lassen, hin und wieder das Fleisch wenden.
4 In der Zwischenzeit die Quitten schälen, achteln und das Kerngehäuse entfernen. Nach 1 Stunde zum Fleisch geben und darauf achten, dass sie vollständig mit Flüssigkeit bedeckt sind – das Fleisch an die Topfwand schieben, die Quitten in die Mitte setzen, und evtl. noch etwas heißes Wasser zufügen. Zucker und Honig zugeben und alles zusammen weitere 20 Minuten schmoren – die Quitten sollten weich sein, dürfen aber nicht zerfallen.
5 Vor dem Servieren mit Muskat würzen und vielleicht noch mit Salz und Pfeffer abschmecken.

Παντσέττα γεμιστή
Gefüllter Schweinebauch
Pantsétta jemistí

Für 4 Portionen

1 kg nicht zu fetter Schweinebauch, in einem Stück von
ca. 20 cm Länge
1 Zwiebel, 3 Knoblauchzehen
360 g Kefalotiri
(alterantiv Parmesan)
Salz, Pfeffer, Oregano
Saft von 2 Zitronen
¼ l Weißwein
6-8 mittelgroße Kartoffeln

1 Den Backofen auf 180 °C vorheizen. Den Schweinebauch unter fließendem kalten Wasser waschen und mit Küchenpapier abtrocknen.
2 Die Zwiebel und den Knoblauch abziehen und klein hacken. Den Käse grob reiben.
3 Zwiebel, Knoblauch, Käse, Salz, Pfeffer und Oregano gut vermischen und das Fleisch damit auf der Innenseite belegen. Quer zu einer Roulade von ca. 20 Zentimeter Länge aufwickeln, gut mit Küchengarn zusammenbinden, außen salzen und pfeffern.
4 Die Roulade in eine feuerfeste Form legen, 1 Tasse Wasser mit dem Zitronensaft vermischen und zusammen mit dem Wein in die Form gießen.
5 Die Kartoffeln waschen, schälen, in Würfel schneiden und rings um das Fleisch legen, pfeffern und salzen. Das Gericht im Backofen etwa 2 Stunden schmoren lassen.
6 Bei Bedarf etwas Wasser nachgießen – zum Schluss solte jedoch nur wenig Sauce übrig bleiben.

130 | Fleisch und Geflügel

Χοιρινό με σέλινο

Schweinefleisch mit Sellerie

Chirinó me sélino

Dieses Gericht wird traditionell am 26. Oktober, dem Fest des Heiligen Dimitris, in Plataniá, einem Dorf der kretischen Region Chaniá, zubereitet und lockt zahlreiche Gäste von weit her an. Sellerie als Begleitung zu Schweinefleisch gehörte schon zu Zeiten des Byzantinischen Reichs im frühen Mittelalter zu einem Festessen. Daran hat sich seit mehr als 600 Jahren nichts geändert.
Die Fassweine, die man bei diesen Festen angeboten bekommt, sind meistens Roséweine. Daher empfehlen wir einen kretischen Rosé aus der Mantilári- oder Kotsifálitraube.

1 Die groben Blätter des Stangenselleries entfernen, (die zarten Blätter abschneiden und beiseite legen) den Wurzelansatz abschneiden, eventuell vorhandene Fäden von den Stangen abziehen und den Sellerie in mundgerechte Stücke schneiden. Die zarten Sellerieblätter in kochendem Wasser 2 bis 3 Minuten blanchieren, in einem Sieb abtropfen lassen und fein hacken.

2 Die Zwiebeln schälen und klein hacken. Das Fleisch unter fließendem kaltem Wasser waschen, mit Küchenpapier trockentupfen und in mittelgroße Stücke schneiden.

3 Das Öl in einem Topf erhitzen und die Zwiebeln darin glasig werden lassen. Das Fleisch zugeben, etwa $\frac{1}{2}$ Liter heißes Wasser zugießen, salzen und pfeffern und 50 bis 60 Minuten schmoren lassen.

4 Die Selleriestücke und die gehackten Blätter zufügen und bei geringer Hitze gut 20 Minuten mitdünsten lassen. Von Zeit zu Zeit den Topf bewegen, damit das Gericht nicht anbrennt, bei Bedarf noch etwas heißes Wasser angießen.

5 Wenn die Flüssigkeit vollständig verdampft ist, den Zitronensaft darüber gießen, den Topf kurz schwenken und das Gericht servieren.

Für 4 Portionen

1 kg Stangensellerie mit Blättern
2 Zwiebeln
800 g Schweinfleisch ohne Knochen (Schulter oder Keule)
12 EL Olivenöl
Salz, Pfeffer
Saft von 2 Zitronen

Fleisch und Geflügel

Gefülltes Huhn
Kotópoulo jemistó

Hühner waren einst in ganz Griechenland äußerst geschätzte Haustiere. Sie sind genügsam, legen regelmäßig ihre Eier und sorgen für eine kräftige Suppe oder ein Festmahl am Ende ihres Lebens. So war es eine ausgesprochene Katastrophe, als während des Bürgerkriegs 1948 eine Hühnerkrankheit ausbrach und die kleinen Ställe in den Vororten Athens leerte. Frau Archontia aus Ilioupolis, die einige Erfahrung als Krankenschwester hatte, fand heraus, dass die Krankheit ihren Sitz im Magen hatte. Sie legte sich Rasierklinge, Nadel und Faden, etwas Watte und Alkohol zurecht, klemmte sich eines ihrer kranken Hühner zwischen die Beine, rupfte einige Federn aus, öffnete mit einem scharfen Schnitt den Magen des Tieres, reinigte die erkrankten Stellen mit Alkohol und nähte das operierte Huhn wieder zu. Das kam sofort wieder auf die Beine und überlebte. Über 50 Hühner hat Frau Archontia auf diese Weise operiert, und nur drei haben diese Rosskur nicht überlebt ...

Für 4 Portionen

1 küchenfertiges Huhn, ca. 1½ kg
Saft von 2 Zitronen
2 große reife Tomaten
40 g Feta
5 Knoblauchzehen
Salz, Pfeffer, Oregano
7-8 EL Olivenöl
4 große Kartoffeln

1 Den Backofen auf 200 °C vorheizen. Das Huhn innen und außen unter fließendem kaltem Wasser waschen. Innen und außen mit Zitronensaft einreiben.
2 Die Tomaten überbrühen, häuten, Stielansätze und Kerne entfernen und das Fruchtfleisch klein hacken. Den Feta mit einer Gabel zerdrücken. Den Knoblauch abziehen und fein hacken. Alles zusammen mit Salz, Pfeffer und Oregano würzen und mit 3 Esslöffel Öl vermischen.
3 Das Huhn mit der Tomatenmischung nicht zu prall füllen und die Bauchöffnung mit Küchenzwirn zunähen. Außen salzen und pfeffern. Das Huhn in einen Bräter legen.
4 Die Kartoffeln waschen, schälen und halbieren. Die Hälften auf der gewölbten Seite mit je drei Einschnitten versehen, salzen, pfeffern und um das Huhn legen. Das restliche Öl darüber gießen. Alles unter gelegentlichem Wenden 1 bis 1 ¼ Stunden im Ofen rundum goldbraun braten.

Käsehuhn
Kotópoulo me tirí

Für 4 Portionen

1 küchenfertiges Huhn, ca. 1,2 kg
12 EL Olivenöl
800 g Zwiebeln
1 Dose Tomaten oder
4 reife Tomaten, Salz, Pfeffer
180 g grüne Oliven
400 g Graviéra
(alternativ Parmesan)

1 Das Huhn innen und außen unter fließendem Wasser waschen und in Portionsstücke teilen. In einem flachen Topf das Öl erhitzen und Teile darin goldbraun anbraten.
2 Die Zwiebeln schälen und grob würfeln. Die Tomaten nach Bedarf überbrühen, häuten, die Stielansätze und Kerne entfernen und das Fruchtfleisch klein schneiden.
3 Die Zwiebeln und die Tomaten zum Huhn geben und alles mit Salz und Pfeffer würzen. Den Topfinhalt zugedeckt etwa 1 Stunde schmoren lassen.
4 Inzwischen die Oliven entkernen, klein hacken und die letzten 10 Minuten mitschmoren lassen. Kurz vor Ende der Garzeit den Käse reiben und über das Gericht streuen.
5 Sobald der Käse geschmolzen ist, das Huhn servieren. Dazu passt Reis.

Fleisch und Geflügel

Makkaronihuhn
Pastizáda

Bei diesem Rezept ist deutlich der italienische Einfluss zu spüren. Das Gericht stammt von der Insel Kérkyra oder Korfu, die Jahrhunderte lang unter italienischem Einfluss stand. Trotzdem schmeckt es typisch griechisch. Probieren Sie's mal! Ein weißer Moscháto aus Korfu ist der passende Wein dazu.

Für 4 Portionen

1 küchenfertiges Brathuhn oder Hähnchen, ca. 1 ½ kg
Salz, Pfeffer
½ TL gemahlener Zimt
4 Knoblauchzehen
6 EL Olivenöl
2 Zwiebeln
1 EL Tomatenmark
3 EL Essig
3 Nelken
350 g dicke Makkaroni
40 g geriebener Kefalotiri oder Mysíthra (alternativ Parmesan)

Für die Variante:
350 g Kritharákia (reisförmige Nudeln)

1 Das Huhn innen und außen unter fließendem kaltem Wasser waschen und mit Küchenpapier abtrocknen. Mit Salz, Pfeffer und Zimt einreiben. Den Knoblauch abziehen und in Stifte schneiden. Mit einem spitzen Messer die Knoblauchsplitter in das Fleisch spicken; dafür das Messer sehr flach einstechen, die Klinge dabei etwas schräg halten und beim Herausziehen einen Knoblauchstift einschieben.

2 In einem großem gut verschließbaren Topf das Öl erhitzen, das Huhn darin von allen Seiten anbraten und anschließend wieder herausnehmen.

3 Die Zwiebeln schälen, in Scheiben schneiden und im Topf anbraten. Das Tomatenmark mit dem Essig verrühren und zu den Zwiebeln gießen. Die Nelken zufügen.

4 Das Huhn wieder in den Topf legen und bis zu seiner halben Höhe Wasser angießen. Kurz aufkochen lassen und das Huhn zugedeckt bei geringer Hitze 1 bis 1 ½ Stunden schmoren lassen. Von Zeit zu Zeit eventuell etwas Wasser nachgießen; die Sauce sollte jedoch nicht zu flüssig, sondern sämig werden.

5 Das Huhn aus dem Topf nehmen, in Portionsstücke zerteilen und wieder zurück in die Sauce legen.

6 Inzwischen die Makkaroni in Salzwasser kochen, das Kochwasser abgießen und die Nudeln mit kaltem Wasser abschrecken, abtropfen lassen.

7 Die Makkaroni auf die Teller verteilen, etwas Käse darüber streuen und darauf die Hühnerstücke mit der Sauce anrichten.

Variante: Mit Reisnudeln (*kritharákia*)

1 Das Huhn garen wie oben bis Step 4 beschrieben.

2 Das gegarte Huhn aus dem Topf nehmen, in Portionsstücke teilen und warm stellen.

3 Die Reisnudeln in die Sauce geben und so viel heißes Wasser zugießen, dass sie ganz mit Flüssigkeit bedeckt sind, unter Rühren aufkochen und in 10 Minuten garen.

4 Die Hühnerstücke wieder zugeben, einmal aufkochen lassen, vom Herd nehmen und bei geöffnetem Deckel noch einmal 5 bis 10 Minuten ziehen lassen.

5 Vor dem Servieren geriebenen Käse darüber streuen.

Μοσχάρι λεμονάτο
Rindfleisch in Zitronensauce
Moschári lemonáto

1 Das Fleisch unter fließendem kaltem Wasser waschen, mit Küchenpapier abtrocknen und in Würfel schneiden. Die Zwiebel schälen und fein hacken.

2 Das Öl in einem Topf erhitzen und das Fleisch mit den Zwiebeln darin anbraten. Sobald alles etwas Farbe angenommen hat, mit Wein ablöschen. Salzen, pfeffern und gerade so viel Wasser zugießen, dass das Fleisch knapp bedeckt ist.

3 Das Fleisch zugedeckt 1 bis 1 ½ Stunden schmoren lassen und von Zeit zu Zeit umrühren. Sobald die Flüssigkeit verdunstet ist, den Zitronensaft mit dem Mehl verrühren und zum Fleisch gießen. Mehrmals aufkochen lassen und dann vom Herd nehmen.

4 Mit Reis oder Kartoffeln servieren.

Für 4 Portionen

1 kg Rindfleisch (Hüfte)
1 große Zwiebel
6 EL Olivenöl
1 Glas Weißwein
Salz, Pfeffer
Saft von 1 Zitrone
2 EL Mehl

Μοσχάρι με πατάτες
Rindfleisch mit Kartoffeln
Moschári me patátes

1 Das Fleisch unter fließendem kaltem Wasser waschen, mit Küchenpapier abtrocknen und in gut ½ cm dicke Scheiben schneiden.

2 Die Zwiebel schälen und in grobe Stücke schneiden. Die Tomaten mit heißem Wasser überbrühen, häuten, die Stielansätze und Kerne entfernen und das Fruchtfleisch klein hacken.

3 In einem großen Topf das Öl erhitzen, die Fleischscheiben von beiden Seiten scharf anbraten. Die Zwiebel zufügen und hell anbraten. Anschließend mit dem Mehl bestäuben, mit Salz, Pfeffer, Oregano und Piment würzen.

4 Die Tomaten untermischen und gerade so viel Wasser angießen, dass das Fleisch knapp bedeckt ist. Zugedeckt bei geringer Hitze etwa 45 bis 50 Minuten köcheln lassen.

5 Inzwischen die Kartoffeln waschen, schälen und grob würfeln. Die Kartoffelstücke zum Fleisch geben und für weitere 20 Minuten mitgaren, bis sie weich sind und die Flüssigkeit fast vollständig aufgenommen haben. Vor dem Servieren noch einmal mit Salz und Pfeffer abschmecken.

Für 4 Portionen

1 kg Rindfleisch (Bugstück)
1 große Zwiebel
½ kg Tomaten
12 EL Olivenöl
1 EL Mehl
Salz, Pfeffer
½ TL getrockneter Oregano
2-3 Pimentkörner
1 kg mehlige Kartoffeln

Fleisch und Geflügel

Γλυκά
Süßspeisen
Gliká

Griechische Süßspeisen Desserts zu nennen wäre verfehlt. Sie stehen für sich allein, brauchen und wollen keine Hauptmahlzeit, die sie abschließen. Vielmehr gibt es ungezählte Anlässe, die eine Zubereitung oder den Kauf einer Süßspeise rechtfertigen: zum Beispiel Geburtstag, Taufe, Namenstag, Hochzeit, Ostern, Neujahr oder ganz einfach, wenn Besuch kommt. Für alle Gelegenheiten gibt es etwas Süßes, mal Cremetorten, mal Gebäck in verschiedenen Formen, mal kandierte Früchte in Sirup. Die Zutaten sind Nüsse, Mastix, Rosenwasser, Korinthen und Sultaninen, Weinmost und immer wieder Honig, Sesam und Cremes aller Art. Jede Region ist für eine andere Süßigkeit bekannt. So kommen die Honigbällchen *loukoumádes* von der Insel Syros, kandierte Früchte in Sirup von der Insel Ikaria und Sesamhalvas aus Nord-Griechenland. Mastixplätzchen gibt es auf der Insel Chios nahe der türkischen Küste. *Melomakárona* heißen die kleinen Honigkuchen und *kourabédes* das mit

Puderzucker bestäubte Mandelgebäck, das zu Weihnachten und Neujahr auf allen Tischen steht. Dann gibt es noch die schweren, mit Nüssen gefüllten und mit Sirup übergossenen Blätterteig-Backwaren mit so exotischen Namen wie *kataífi* und *baklavás*, die man in ähnlicher Form im ganzen Vorderen Orient findet. Eine vergleichsweise simple, aber in ganz Griechenland geschätzte Leckerei ist Joghurt mit Honig und Walnüssen. So üppig, cremig und zartschmelzend wie sie ist, kann sie durchaus auch als Ersatz für ein sommerliches Abendessen dienen.

Die meisten der süßen Köstlichkeiten bereiten die Konditoreien zu, die zu Recht den schönen altmodischen Namen „Zuckerformer" (*sacharoplastío*) tragen. Trotzdem lohnt es sich, die eine oder andere griechische Süßigkeit selbst zuzubereiten. Das gibt Ihnen auch Gelegenheit, den Zuckergehalt etwas zurückzunehmen, der für mitteleuropäische Gaumen in der Regel sehr hoch ist.

Die Frage bleibt, ob es bei griechischen Mahlzeiten denn gar nichts zum Abschluss des Essens gibt. Natürlich! Das ist in der Regel Obst, wie es gerade die Jahreszeit bereithält, im Sommer etwa Wasser- oder Honigmelonen. Im Winter richten sowohl Hausfrauen als auch Restaurants Teller mit Apfel- und Orangenschnitzen an, die mit Zimt bestreut und mit Zitronensaft beträufelt auf den Tisch kommen.

| Süßspeisen

Feigenpudding
Sikalevriá

Συκαλευριά

Lesbos oder Mitilíni, wie die Griechen die Insel nach ihrer Hauptstadt nennen, liegt nahe der türkischen Küste, nicht weit von der ehemals überwiegend griechischen Stadt Smyrna (heute Izmir) entfernt. Von dort strömte 1922 ein großer Teil der Flüchtlinge auf die Insel. Mit den Menschen vom türkischen Festland kamen auch deren Gewohnheiten und Kultur. In der Ortschaft Petra entstand 1982 die erste Frauenkooperative Griechenlands. Aus ihren Reihen soll dieses Rezept stammen, dass sie von ihren Großeltern aus Kleinasien übernommen haben.

1 Die Feigen in einem Topf mit 1,2 Liter Wasser etwa 40 Minuten kochen. Sobald sie ganz weich sind, sich leicht mit einer Gabel zerreißen lassen und das Wasser eine dunkelbraune Farbe angenommen hat, den Topf vom Herd nehmen.
2 Den Sud in einen zweiten Topf abseihen. Die Feigen in ein dünnes Tuch wickeln und über dem Topf so fest ausdrücken, dass möglichst viel von der geschmackgebenden Flüssigkeit ausgepresst wird.
3 Den so gewonnenen Saft bei geringer Hitze erwärmen und das Mehl unter Rühren hineinsieben. In höchstens 10 Minuten zu einer dicklichen Creme verrühren. Den Pudding in Schälchen abfüllen und kalt stellen.
4 Die Walnüsse grob hacken und zusammen mit etwas Zimt über den Pudding streuen.

Für 4 Portionen

400 g getrocknete Feigen
3 EL Mehl
3 EL Walnusskerne
gemahlener Zimt

Milchpastete
Galaktoboúreko

Γαλακτομπούρεκο

1 In einem Topf Eigelb, Zucker und Stärkemehl vermischen. Den Topf auf den Herd stellen und bei mittlerer Temperatur langsam die Milch einrühren bis ein dicker Pudding entsteht. Vanille und Butter untermischen, den Topf vom Herd nehmen und den Pudding auskühlen lassen. Das Eiweiß steif schlagen und unter den kalten Pudding ziehen.
2 Den Backofen auf 180 °C vorheizen. Eine runde Kuchenform von 26 Zentimeter Durchmesser mit Butter einfetten und die Teigblätter auf die Größe der Backform zuschneiden. Die Hälfte der Teigblätter mit Butter bepinseln, übereinander in die Kuchenform schichten. Den Pudding darauf verteilen. Die übrigen Teigblätter mit Butter bestreichen und auf den Pudding legen. Mit der restlichen Butter bestreichen und mit Wasser besprühen. Die Pastete 50 bis 60 Minuten backen.
3 Kurz vor Ende der Backzeit den Sirup zubereiten. Dafür 150 Milliliter Wasser mit dem Zucker, Zitronensaft und Zitronenschale etwa 10 Minuten köcheln, bis der Sirup eindickt. Die Pastete aus dem Ofen holen und mit dem heißen Sirup übergießen.

Für 4-6 Portionen

3 Eigelb
1/8 kg Zucker
50 g Speisestärke
3/8 l Milch
1 Beutel Vanillearoma
50 g zerlassene Butter, 3 Eiweiß
200 g Filloteig (alternativ Strudelteig oder sehr dünn ausgerollter TK-Blätterteig)
40 g Butter zum Bestreichen

Für den Sirup:
1/4 kg Zucker
Saft von 1/2 Zitrone
abgeriebene Schale von 1 unbehandelten Zitrone

Süßspeisen

Honigbällchen
Loukoumádes

Loukoumádes sind ein beliebtes Gebäck, das vor allem im Sommer in vielen Cafés angeboten wird. Oft gibt es die süße Leckerei auch an Marktständen zu kaufen. Ihre Bezeichnung stammt von dem türkischen Wort *lukum* ab, das soviel wie Süßigkeit bedeutet.

Für etwa 40 Stück

20 g frische Hefe
¼ l lauwarme Flüssigkeit (entweder reines oder mit Milch gemischtes Wasser)
250 g Mehl
Salz
reichlich Pflanzenöl
150-200 g flüssiger heller Honig
gemahlener Zimt
100 g fein gehackte Walnusskerne

1 Die Hefe in der Hälfte der lauwarmen Flüssigkeit auflösen. Etwa ein Drittel des Mehls in eine Schüssel sieben und die Hefelösung untermischen. Die Schüssel abdecken und den Vorteig an einem warmen Ort gehen lassen, bis sich sein Volumen verdoppelt hat.

2 Das restliche Mehl dazusieben, etwas Salz einstreuen, nach und nach die restliche Flüssigkeit einrühren und den Teig mit einem Holzlöffel schlagen, bis ein dickflüssiger Brei entsteht. Erneut zudecken und an einem warmen Ort mindestens 2 Stunden gehen lassen, bis der Teig das Doppelte seines Volumens erreicht hat und an der Oberfläche Bläschen wirft. Wer Zeit hat, kann den Teig bis zu 6 Stunden gehen lassen, dadurch wird das Gebäck noch lockerer.

3 In einem tiefen Topf oder einer Fritteuse soviel Öl auf 180 °C erhitzen, dass die Hefebällchen bequem darin schwimmen können. Mit einem kalt abgespülten Esslöffel vom Teig etwas Masse abnehmen und in das Öl gleiten lassen. Nach jedem Bällchen den Löffel erneut mit Wasser benetzen. Geübte Bäcker geben 1 Esslöffel Teig in die angefeuchtete linke Handfläche, schließen die Hand zur Faust und drücken dadurch den Teig nach oben hinaus. Mit einem angefeuchteten Löffel, den sie in der rechten Hand halten, nehmen sie das Teigstück ab und lassen es ins heiße Öl gleiten. Nicht zu viele Bällchen gleichzeitig im Öl ausbacken und diese während des Backens ständig umrühren, damit sie nicht aneinander kleben!

4 Sobald die Honigbällchen goldbraun gebacken sind, mit einem Schaumlöffel aus dem Öl heben, etwas abtropfen lassen und zum Entfetten kurz auf Küchenpapier legen.

5 Die noch warmen Kugeln auf einer Platte anrichten, mit Honig übergießen, mit Zimt bestäuben und mit den gehackten Walnusskernen bestreuen.

140 | Süßspeisen

Γλυκό του κουταλιού / βύσσινο

Kandierte Sauerkirschen in Sirup

Glikó tou koutalioú / víssino

Auf Griechisch heißt diese Art Nascherei „Süßes vom Löffel". Der Name besagt schon, dass man damit sehr sparsam umgeht. Man serviert dem Gast, der das Haus betritt, nie mehr als einen Esslöffel dieser Süßigkeit. Dazu reicht man ihm ein Glas Wasser.

Außer Sauerkirschen lassen sich auf ähnliche Weise auch Birnen, Äpfel, Erdbeeren, Weintrauben, Quitten, Aprikosen, kleine Auberginen, sogar Cocktailtomaten, Rosenknospen und junge Walnüsse kandieren. Das Verfahren ist jedoch, wie das zweite hier vorgestellte Rezept für kandierten Erdbeeren zeigt, jeweils zu modifizieren. Das gewichtsmäßige Verhältnis von Früchten und Zucker sollte 1:1 betragen. Bei sauren Früchten wie grünen Pomeranzen oder grünen Orangen wird die Zuckermenge bis auf das Eineinhalbfache erhöht.

Für 2 Gläser

1 kg Sauerkirschen
1 kg Zucker
3 EL Zitronensaft

1 Die Kirschen waschen und auf Küchenpapier abtropfen lassen. Über dem Topf entkernen, in dem sie später gekocht werden, dabei auf je eine Schicht Kirschen eine Schicht Zucker streuen. So lange fortfahren, bis beide Zutaten aufgebraucht sind.

2 Etwa 150 Milliliter Wasser zugießen und die gezuckerten Früchte 24 Stunden stehen lassen, damit sie Saft ziehen können.

3 Am nächsten Tag den Topfinhalt bei geringer Hitze etwa 50 Minuten köcheln lassen und immer wieder abschäumen. Gegen Ende der Garzeit mit einem Teelöffel etwas Sirup entnehmen und einige Tropfen auf einen Porzellanteller fallen lassen. Wenn die Tropfen ihre runde feste Form behalten, ist der Sirup gerade richtig. Sobald sich die Flüssigkeit zu Sirup verdickt hat, den Zitronensaft einrühren, vom Herd nehmen und abkühlen lassen. Währenddessen mehrmals den Topf schwenken, damit sich alles gut vermischt.

4 In sterilisierte Marmeladengläser abfüllen, die Gläser verschließen und kalt stellen.

Für die Variante:

1 kg kleine, nicht zu reife Erdbeeren
Saft von 2 Zitronen
1 kg Zucker

Variante: Kandierte Erdbeeren in Sirup

1 Die Erdbeeren waschen, putzen, abtropfen lassen und mit Zitronensaft beträufeln.

2 Den Zucker in einen Topf geben und nach und nach 600 Milliliter Wasser einrühren, bis er ganz aufgelöst ist. Etwa 15 Minuten köcheln lassen, bis sich der Sirup verdickt.

3 Die Erdbeeren in den Sirup geben, etwa 5 Minuten mitkochen und den aufsteigenden Schaum abschöpfen. Den Topf vom Herd nehmen und 10 Minuten abkühlen lassen. Die Erdbeeren mit einem Schaumlöffel herausheben und auf eine Platte legen. Den Sirup weiterkochen lassen, bis er ziemlich fest wird. Die Erdbeeren wieder zufügen, nochmals 5 Minuten mitkochen lassen, bis sie sich mit dem Sirup verbinden. Etwas abkühlen lassen.

4 In sterilisierte Marmeladengläser abfüllen, die Gläser verschließen und kalt stellen.

Halvas aus Grieß
Halvás simigdalénios

Wenn man in einem griechischen Lebensmittelgeschäft nach *halvás* fragt, bekommt man etwas völlig anderes, als das, was in diesem Rezept beschrieben wird. Dort handelt es sich um makedonischen *halvás*, eine feste Paste, die aus Sesam hergestellt wird. Sie hat Ähnlichkeit mit dem Türkischen Honig, der auf den Jahrmärkten in Deutschland verkauft wird. Man kann diese Süßigkeit abgepackt kaufen, schneidet jeweils eine Scheibe ab, bestreut sie mit etwas Zimt und träufelt etwas Zitronensaft darüber.

Unser *halvás* ist ein typisches Familiengericht aus Grieß, nach dem nicht nur die Kinder verrückt sind. Es ist eine Spezialität, die man vor allem auf den Ionischen Inseln oder in Náoussa antrifft. Sie darf dort bei keiner Hochzeit und an keinem Namenstag fehlen. Ein halbsüßer makedonischer Weißwein aus der Asýrtikorebe ist das ideale Getränk dazu.

1 In einem Topf 300 Milliliter Wasser mit dem Zucker, der Zimtstange, den Nelken und der Zitronenschale bei geringer Hitze erwärmen, bis sich der Zucker auflöst und ein Sirup entsteht. Den Topf beiseite ziehen, Zimtstange und Nelken entfernen.

2 In einem zweiten Topf das Öl erhitzen. Den Grieß sofort hineinschütten und mit einem Holzlöffel schnell von der Mitte zum Rand umrühren. Sobald sich der Grieß goldbraun färbt, ist er fertig; er darf auf keinen Fall zu dunkel geröstet sein.

3 Den Zuckersirup sofort zugießen und bei geringer Hitze nur langsam weiter umrühren, damit die Masse nicht klebrig wird. Wenn der Zucker vom Grieß aufgesogen ist und nichts am Holzlöffel klebt, ist die Halvasmasse fertig.

4 Den Topf vom Herd nehmen, mit einem Tuch und dem Deckel zudecken und den Grieß 20 Minuten ruhen lassen.

5 Den Grieß erneut mit dem Holzlöffel umrühren und den Halvas in die vorgesehenen Formen abfüllen. Mit geschälten Mandeln verzieren.

Variante: Je nach Belieben kann man auch geschälte und geröstete Mandeln sowie helle Sultaninen vor dem Ausquellen in die Masse geben.

Für 4 Portionen

225 g Zucker
½ Zimtstange
2 Nelken
1 TL abgeriebene Zitronenschale
Zitrone
6 EL Öl
125 g Hartweizengrieß
einige geschälte Mandeln

Süßspeisen

Gebackene Quitten
Kidónia ston phoúrno

Für 4 Portionen

2 Quitten
8 Nelken
150 ml roter Mavrodaphne oder ein anderer Dessertwein
75 ml Rotwein
2 EL flüssiger Honig
½ TL gemahlener Zimt
4 EL griechischer Joghurt

1 Den Backofen auf 180 °C vorheizen. Die Quitten mit einem Tuch abreiben. Die Früchte halbieren, das Kerngehäuse entfernen und die Hälften mit der Schnittfläche nach unten in eine feuerfeste Form legen. In jedes Fruchtstück 2 Nelken stecken.

2 Den Dessertwein mit dem Rotwein erhitzen, den Honig darin auflösen und mit Zimt würzen. Die Quitten mit der Weinsauce übergießen und 1 ½ Stunden im Ofen backen. Dabei gelegentlich mit dem ausgetretenen Saft begießen.

3 Die Quitten aus dem Ofen nehmen und abkühlen lassen. Zum Servieren die Nelken entfernen, die Früchte mit der Schnittfläche nach oben auf einer Platte anrichten, die Mulden mit je 1 Esslöffel Joghurt füllen und mit dem verbliebenen Saft beträufeln.

Neujahrskuchen
Vassilópitta

Dieser Kuchen schmeckt nicht nur Neujahr. Zum Jahresbeginn ist es jedoch Brauch, eine Münze in ihm zu verstecken. Wer die Münze in seinem Stück findet, hat das ganze Jahr über Glück!

Für 1 Springform von 26 cm Durchmesser

1 unbehandelte Orange
230 g Butter
250 g Zucker
6 Eier
4 EL Orangenlikör
1 Msp. gemahlener Zimt
½ kg Mehl
3 TL Backpulver
100 g Walnusskernhälften
Puderzucker zum Bestäuben

1 Den Backofen auf 175 °C vorheizen.

2 Die Orange heiß abwaschen, abtrocknen und die Schale abreiben. Anschließend den Saft auspressen. Die Butter schaumig rühren und dann nach und nach den Zucker unter Rühren einrieseln lassen. Die Eier trennen und das Eigelb nach und nach unter die Buttermasse rühren. Die abgeriebene Orangenschale, den Orangensaft, den Orangenlikör und den Zimt unterrühren. Das Mehl mit dem Backpulver sieben und löffelweise unter die Butter-Eier-Masse heben. Das Eiweiß steif schlagen und unter den Teig ziehen.

3 Eine Springform ausfetten und den Teig einfüllen. Die Oberfläche glatt streichen und mit den Walnusshälften belegen. Die Form auf die zweite Einschubleiste von unten in den Backofen stellen und den Kuchen etwa 60 Minuten backen, bis er goldbraun ist. Zur Sicherheit mit einem Holzstäbchen die Garprobe machen: Wenn kein Teig hängen bleibt, ist der Kuchen fertig gebacken.

4 Den Kuchen auf einem Kuchengitter vollständig auskühlen lassen.

5 Wenn Sie eine Münze verstecken wollen: Den abgekühlten Kuchen umdrehen, auf der Unterseite mit einem spitzen Messer einen kleinen Schlitz machen und eine in Alufolie gewickelte Münze hineinschieben.

6 Zum Schluss den Kuchen auf der Oberfläche mit Puderzucker bestäuben.

Süßspeisen

Pitta des Heiligen Phanoúrios
Fanourópitta

Diese Pitta wird zu Ehren des Hl. Phanoúrios gebacken, der in der Lage sein soll, sowohl verlorene Gegenstände als auch noch nicht gefundene Lebenspartner aufzutreiben. Wer etwas verloren hat, backt den Kuchen, lässt ihn in der Kirche segnen und verteilt die Stücke an alle Menschen, die ihm auf dem Weg begegnen. Damit das Ritual funktioniert, ist es unerlässlich, dass der Kuchen aus sieben oder neun Zutaten besteht. Wer eine gerade Zahl an Zutaten verwendet, muss auf die Hilfe des Finderheiligen und Kupplers verzichten.

Für 1 runde Kuchenform

120 g Walnusskerne
100 g Mehl
1 TL gemahlener Zimt
½ TL gemahlene Nelken
6 EL Pflanzenöl
Saft von 1 Orange
2 cl Cognac
4 Eier, 225 g Zucker
Butter und Mehl für die Form
Puderzucker zum Bestäuben

1 Den Backofen auf 180 °C vorheizen. Die Walnusskerne zerbröckeln oder in einem Mixer grobkörnig mahlen, in eine Schüssel geben und mit dem Mehl, dem Zimt und den Nelken vermengen.
2 Unter das Öl zunächst den Orangensaft, dann den Cognac rühren. Die Eier in einer Schüssel mit dem Zucker schaumig schlagen.
3 Das Öl zu der Nussmischung gießen und mit einem Holzlöffel verrühren. Die Eier mit dem Zucker nach und nach unter sanftem Rühren zugeben und alles zu einer homogenen schaumigen Masse rühren.
4 Eine Kuchenform mit Butter auspinseln und mit Mehl bestäuben. Den Teig in die Form füllen und etwa 45 Minuten im vorgeheizten Ofen backen.
5 Den Kuchen herausnehmen und auskühlen lassen. Vor dem Servieren mindestens eine Stunde kalt stellen und mit Puderzucker bestäubt auf den Tisch bringen.

Walnussflöten
Flojéres

Für 6 Stück

120 g gemahlene Walnusskerne
70 g Zucker, 3-4 EL Semmelbrösel
1 großes Ei
½ TL gemahlener Zimt
80 g Butter
280 g (3 Blätter) Filloteig
(alternativ Strudelteig oder dünn ausgerollter TK-Blätterteig)
Puderzucker zum Bestäuben

1 Für die Füllung die Walnüsse mit Zucker, Semmelbrösel, Ei und Zimt vermischen.
2 Die Butter zerlassen. Aus den Teigblättern 6 Streifen von 20 Zentimeter Länge schneiden. Jeden Streifen mit Butter einpinseln und von oben und unten auf etwa ⅓ der Gesamtlänge einschlagen, so dass jeweils ein Teigstück in 3-facher Lage entsteht. Jedes 3-fach-Blatt mit Butter bestreichen. Je ⅙ der Füllung als Röllchen von ca. 7 Zentimeter Breite auflegen. Den überstehenden Teig mit Butter bestreichen und links und rechts auf der ganzen Länge der Teigbahn zur Füllung hin einschlagen, so dass die Nussmischung seitlich bedeckt ist. Den Teigstreifen von der Füllungsseite her aufrollen. Die Röllchen mit Butter bestreichen und auf ein gefettetes Backblech legen.
3 Den Backofen auf 180 °C vorheizen. Die Flöten in etwa 30 Minuten schön goldbraun backen. Mit Puderzucker bestäubt servieren. Lauwarm schmecken sie besonders gut.

Μπαχλαβάς
Nusspitta mit Sirup
Baklavás

Seit mehr als 2600 Jahren ist *baklavás* eine Süßigkeit, die auf keiner griechischen Feierlichkeit fehlen darf. Einst wurde auf Lesbos jede Braut von ihren Freundinnen vom Tempel der Aphrodite, dessen Oberpriesterin die Dichterin Sappho war, zum Haus des Bräutigams geführt, wo es Kuchen mit Nüssen und Honig gab. Noch heute backen die Hausfrauen in allen griechischen Regionen *baklavás* zu Hochzeiten, Taufen oder zum Neujahrsfest. Der Bürgermeister von Fatih, einem Stadtteil von Istanbul, schickt dem in seiner Gemeinde residierenden griechisch-orthodoxen Patriarchen jeweils zum islamischen Bairamfest ein *tapsí* mit *baklavás* als Dank für die guten Wünsche des christlichen Oberhirten. *Baklavás* ist übrigens im ganzen Vorderen Orient als Delikatesse bekannt. Jedes Land hat allerdings seine eigene Version dieses meist besonders süßen Leckerbissens.

1 Für die Nussfüllung die Mandeln und die Walnüsse grobkörnig mahlen, in eine Schüssel geben und mit Zimt- und Nelkenpulver würzen.

2 Die Butter in einer Kasserolle zerlassen. Eine Backform von ca. 25 x 17 Zentimeter leicht mit etwas zerlassener Butter einpinseln. Den Backofen auf 180 °C vorheizen.

3 Die Teigblätter auf die Größe der Form zuschneiden, es werden insgesamt 10 Stück benötigt. Ein Teigblatt in die Form legen, mit Butter bepinseln, das zweite Teigblatt auflegen, mit Butter bepinseln und mit einem dritten Teigblatt bedecken, das ebenfalls mit etwas Butter eingepinselt wird. Die Butter bewirkt, dass die Teigblätter beim Backen schön knusprig werden.

4 Auf diesen Dreifachboden eine Schicht Nussfüllung verteilen. Erneut zwei Teigblätter auflegen und jeweils die Oberfläche einfetten. Erneut etwas Nussfüllung darauf verteilen. Zwei Teigblätter auflegen und dabei jedes mit Fett einstreichen. Darauf eine dritte Schicht Nüsse verteilen. Zum Abschluss erneut drei Teigblätter auflegen und jeweils mit etwas Butter einpinseln.

5 Mit einem scharfen Messer ein rautenförmies Muster auf die Oberfläche ritzen und in die Mitte einer jeden Raute eine Nelke stecken.

6 Das Gebäck auf der Oberfläche mit etwas kaltem Wasser besprühen. Im Backofen 45 bis 50 Minuten backen, bis die Oberfläche goldbraun ist.

7 Inzwischen den Sirup zubereiten. Dafür in einem Topf den Zucker mit 300 Milliliter Wasser und dem Honig zum Kochen bringen und bei geringer Hitze etwa 5 Minuten köcheln lassen, bis sich der Zucker auch am Topfrand vollständig aufgelöst hat. Mit Cognac aromatisieren.

8 Das Gebäck aus dem Backofen nehmen und sofort mit dem heißen Sirup übergießen. Die Pitta ruhen lassen, bis der Sirup vollständig aufgesogen ist und das Gebäck erkaltet ist. Zum Servieren entlang des Rautenmusters in Stücke schneiden.

Damit das Gebäck knusprig bleibt, auf keinen Fall zudecken oder in den Kühlschrank stellen. Es hält sich eine Woche lang frisch.

Für 15 Stück

400 g Mandelkerne
300 g Walnusskerne
1 TL gemahlener Zimt
1 Msp. Nelkenpulver
220 g Butter
400 g Filloteig (alternativ Strudelteig oder ganz dünn ausgerollter TK-Blätterteig)
10-15 ganze Nelken

Für den Sirup:
450 g Zucker
100 g Honig
1 EL Cognac

Süßspeisen

Glossar

Athene Altgriechische Schutzgöttin des Ackerbaus, der Wissenschaft und der Künste. Sie pflanzte auf der Akropolis in Athen einen Olivenbaum. Die Stadt nahm zum Dank ihren Namen an.

Athos Mönchsrepublik im Norden Griechenlands mit 20 Klöstern und insgesamt etwa 2000 Mönchen, die besonders geübt sind im Schnapsbrennen.

Avgolémono Gemisch aus Ei und Zitrone, das vielen Speisen einen wunderbaren, leicht säuerlichen Geschmack verleiht.

Bakaliáros Klippfisch, meist Kabeljau, der in der Küche eine große Rolle spielt.

Bakáliko Lebensmittelgeschäft, das in der Regel auch Gemüse führt. Der Inhaber eines solchen Ladens heißt *bakális*.

Baklavás zartblättriges Gebäck aus dünnem Teig mit Nussfüllung und mit Zucker- oder Honigsirup übergossen.

Basilikum Griechisch *vassilikós*. Das Kraut dient in Griechenland nur sehr selten als Gewürz, wird aber wegen seines Duftes und der abschreckenden Wirkung auf Ungeziefer von vielen Hausfrauen in Töpfen angepflanzt und gehegt. Besucher bekommen beim Abschied einen Zweig Basilikum mit.

Bríki Kännchen aus Kupfer, emailliertem Blech oder Edelstahl mit langem Stiel, in dem der griechische Kaffee gekocht wird.

Brot Griechisch *psomí* darf bei keine Mahlzeit fehlen. In der Regel handelt es sich um Weißbrot.

Chíma Bezeichnung für offenen Wein oder offen verkauftes Öl.

Chórta Wildkräuter wie Löwenzahn, wilder Mangold, Portulak, Senfkraut, Brennnessel.

Chrónia Pollá Glückwunsch zu Feiertagen, Geburts- und Namenstagen usw.

Dill Griechisch *ánithos*, wird zum Würzen verschiedener Gerichte verwendet. Nicht zu verwechseln mit Fenchelkraut, das auf Griechisch *máratho* heißt.

Fáva Gelbe Platterbsen, aus denen ein sehr beliebtes *mesé* hergestellt wird.

Fillo Griechisches Wort für Blatt. Es handelt sich um ausgezogenen Teig in hauchdünnen Blättern, der für die Zubereitung von Pittas verwendet wird. Er wird in Griechenland als Fertigteig angeboten mit der Bezeichnung *fillo* für salzige Pittas und *fillo kroustas* für Süßigkeiten. In Deutschland in griechischen oder türkischen Feinkostgeschäften erhältlich, dort unter dem Namen „Yufka".

Giouvétsi Kleine feuerfeste Tongefäße, in denen verschiedene Fleischgerichte mit *kritharákia* (reisförmige Nudeln) oder *chilopíttes* (kleingeschnittene Bandnudeln) zubereitet werden, welche dann den Namen des Gefäßes annehmen.

Giros Griechisch *jíros*, die griechische Variante des türkischen Döner Kebab. Auf einem senkrecht stehenden Spieß wird meist Schweinefleisch sehr fest aufgesteckt und von der Seite angebraten. Die fertigen Schichten werden mit einem Messer abgeschabt und meist in Brotfladen serviert.

Halvás Name für zwei verschiedene Speisen: a) ein süßer Grießpudding, b) eine feste Paste aus gemahlenem Sesam, die zur Unterscheidung *Makedonischer halvás* genannt wird.

Heiliger Phanoúrios Heiliger, der verlorene Gegenstände wiederfinden hilft und deshalb immer mit einer Kerze abgebildet wird.

Heiliger Trýphonas Schutzheiliger aller Winzer. Er wird auf Ikonen mit einem Gartenmesser abgebildet und am 1. Februar gefeiert.

Honig Griechisch *méli*. Besonders beliebt ist Thymianhonig. Eine Reihe von Süßspeisen enthalten Honig, z. B. das Weihnachtsgebäck *melomakárona*.

Ionische Inseln Auf Griechisch *Eptaníssia* (Siebeninseln), die entlang der Westseite des griechischen Festlands im Ionischen Meer liegen: Kythira, Sákinthos, Kephalonia, Ithaka, Lefkada, Paxos und ganz im Norden Kekyra. Die Inseln standen Jahrhunderte lang unter venezianischer Verwaltung.

Joghurt Griechischer Joghurt wird sowohl aus Kuhmilch als auch aus Schafsmilch gewonnen. Besonders beliebt ist der feste Joghurt, dessen Flüssigkeit man in einem Säckchen abtropfen lässt. Deshalb heißt er auf Griechisch *yaoúrti sakkoulas* (Sackjoghurt) oder *yaoúrti stramméno*.

Käse, griechischer siehe Seite 13 f.

Kafeníon Kaffeehaus der alten Art, in dem sich früher nur Männer aufgehalten haben, um politische und andere Geschäfte zu erledigen.

Kalí méra Gruß, bedeutet Guten Morgen.

Kalí níchta Gruß, bedeutet Gute Nacht.

Kalí órexi Wunsch, bedeutet Guten Appetit; als Antwort sagt man *kopiáste*, was soviel bedeutet wie: Halten Sie mit.

Kaló vrádi Gruß, bedeutet Guten Abend.

Kasánisma, Rakíssio Die Tage an denen das Brennen von Tresterschnaps erlaubt war. Anlass für ein Fest mit der Familie und den Nachbarn, um den besten Teil des Brandes mit köstlichen Mesédes zu genießen.

Kataífi Griechische Süßigkeit, die aus dünnen Fadennudeln besteht, die eine Nuss-Zucker- bzw. Nuss-Honig-Masse umhüllen.

Katharí Deftéra Beginn der Fastenzeit sechs Wochen vor Ostern, wird als letzter Tag des Faschings betrachtet, an dem man *lagána* (ungesäuertes Brot), alle Arten von Meeresfrüchten sowie in Essig eingelegte Paprikaschoten, Gurken, Blumenkohl und Auberginen verzehrt.

Kérkyra Griechische Bezeichnung für Korfu. Es ist die nördlichste der Ionischen Inseln. Sowohl ihre Kultur als auch ihre Küche sind stark von Italien geprägt.

Klimatófilla Weinblätter, die man für die Zubereitung von *dolmádes* verwendet. Sie sind in Lake eingelegt im Glas oder in Folie in griechischen Feinkostläden erhältlich.

Kokorétsi sind auf einen Spieß aufgewickelt und über Holzkohlenfeuer gebratene Lamminnereien. *Kokorétsi* wird als *mesé* serviert.

Kólyva Aus Weizenkörnern, Zucker, Zimt und Petersilie zubereitete Süßspeise, die man am Grab eines Verstorbenen verzehrt.

Kouféto Mandeln in weißem hartem Zuckerguss, die in Tüll eingewickelt bei Taufen und Hochzeiten an alle Gäste verteilt werden.

Kourabiédes Weihnachtsgebäck: Plätzchen mit Mandeln und Puderzucker.

Lárissa Hauptstadt der Provinz Thessalien, Zentrum des mittelgriechischen Agrarlandes. Anbau: Gemüse, Getreide, Baumwolle.

Lorbeer wächst in fast allen Regionen Griechenlands wild. Die getrockneten Blätter werden in vielen Gerichten, die auch mit Essig gewürzt werden, verwendet.

Loukoúmi Süße Geleewürfel, die aus Rosenwasser, Mandeln, Mastix hergestellt werden. In den Klöstern des Athos werden sie zusammen mit Kaffee und Tsípouro dem Wanderer gereicht.

Makedonien Nördliche Provinz Griechenlands mit ihrer Hauptstadt Thessaloniki. Anbau von Obst, Oliven, Wein und Tabak.

Mastix Das Harz des Mastixstrauchs, der vor allem auf der Insel Chios gedeiht, wird häufig als Gewürz verwendet.

Megáli evdomáda *Die große Woche*, griechischer Ausdruck für Karwoche, die in der griechisch-orthodoxen Kirche wegen anderer Berechnung nur selten mit der Karwoche der übrigen christlichen Kirchen zusammenfällt.

Melomakárona Weihnachtsplätzchen, die aus Mandeln hergestellt und mit Honigsirup getränkt werden.

Mesés Mehrzahl *mesédes*, Appetithäppchen, die zum Ouzo oder Tsípouro oder als Vorspeise gereicht werden.

Métrio Mittelsüßer griechischer Kaffee, der in einem *bríki* (Kaffeekännchen) zubereitet wird. Auf 1 Mokkatasse Wasser gibt man im Allgemeinen 1 gestrichenen Teelöffel Zucker und 1 gehäuften Teelöffel Kaffee.

Modiano-Markt Einer der buntesten Fisch-, Fleisch- und Gemüsemärkte Griechenlands, in Thessaloníki, mit urigen kleinen Kneipen.

Orthodoxe Kirche Die christliche Urkirche spaltete sich durch das sogenannte Schisma im Jahre 1054 in eine (weströmische) katholische und (oströmische) orthodoxe Kirche. Letztere spielt im griechischen Staatswesen eine dominierende Rolle. Etwa 90 Prozent aller Griechen gehören ihr an. Feste und Feierlichkeiten folgen ihrer Tradition.

Ouzo Aperitif, der aus Weinbrand und dem Zusatz von ätherischem Öl, das aus Anis gewonnen wird, besteht. Bekannt ist der Ouzo aus Tirnava und Mitilini.

Panejíri Kirchenfest, an dem sich die ganze Bevölkerung beteiligt, an vielen Orten am 15. August. Es beginnt nach dem Festgottesdienst und endet meist erst in den Morgenstunden des nächsten Tages.

Paréa Bedeutet einerseits die Clique, andererseits die Gruppe von Menschen, die sich zum Essen zusammentut, zu Hause oder am Abend in einer Taverne.

Petersilie ist das am häufigsten in der griechischen Küche verwendete Küchenkraut.

Pílion Gebirgszug, der den Golf von Vólos einschließt, bekannt für üppige Vegetation und seine architektonisch interessanten Häuser.

Pitta Pasteten, Teigtaschen, Fladenbrote und runde Kuchen werden Pitta genannt.

Retsína Meist nicht sehr hochwertiger Fasswein, der mit Pinienharz versetzt wird, um seine Haltbarkeit zu erhöhen.

Sacharoplastíon Griechischer Name für Konditorei; wörtlich übersetzt *Zuckerformerei*, Zuckerbäckerei.

Saganáki Kleine Pfanne aus Kupfer oder Weißblech mit zwei Henkeln. Gerichte, die in diesen Pfännchen angemacht werden, tragen ebenso diesen Namen.

Santorín Auf Griechisch *Thýra*, Insel in der südlichen Ägäis. Wegen der vulkanischen Erde gedeihen dort besonders gute Weine, wie der Assyrtiko und Athíri.

Sellerie Selleriekraut wird viel in der griechischen Küche verwendet. Man kann dazu sowohl Schnittsellerie als auch die Blätter des Stangen- bzw. Knollenselleries verwenden. Schnittsellerie sieht aus wie glatte Petersilie und bildet wie der Stangensellerie keine Knolle aus. Die große Sellerieknolle hat erst jüngst Eingang in die Küche Griechenlands gefunden.

Smyrna Die heutige türkische Stadt Izmir an der kleinasiatischen Küste war bis 1922 internationales Handelszentrum, das von den Griechen und deren Kultur dominiert wurde. Durch den Vertrag von Lausanne von 1923 wurden die meisten Griechen ausgebürgert. Das hatte nicht geringe Folgen für die Esskultur in Griechenland.

Souvláki *soúvla* ist der Spieß. Das auf Spießen aufgezogene und auf Holzkohlengrill gebratene Fleisch heißt *souvláki*.

Spholiáta Griechisches Wort für Blätterteig, abgepackt in Supermärkten erhältlich.

Stiffádo Verschiedene Fleisch- oder Fischspeisen, die mit sehr vielen kleinen Zwiebeln geschmort werden.

Tapsí Runde Form aus Weißblech oder Edelstahl mit einem etwa 6 bis 7 Zentimeter hohen Rand. Früher wurden darin ganze Gerichte (Fleisch und Beilagen) vorbereitet und anschließend in die Bäckerei zum Garen getragen. In Deutschland erhältlich in griechischen, türkischen oder jugoslawischen Feinkostgeschäften.

Taramás Fischeier von Meeräschen, aus denen die berühmte *taramosaláta* (Fischrogencreme) zubereitet wird.

Thessalien Sehr fruchtbare Region in Mittelgriechenland, die im Norden vom Olymp und im Westen vom Pílion-Gebirge begrenzt wird. Bekannt ist der Ouzo aus Tirnava und der Wein aus Rapsani.

Thessaloníki Hauptstadt der Provinz Makedonien, die erst 1912 zu Griechenland kam und besonders reich an kulinarischer Tradition ist.

Thrakien Nordöstliche Provinz Griechenlands an der Grenze zur Türkei mit großem Anteil türkischstämmiger Bevölkerung.

Toursiá In Essig eingelegtes Gemüse: Paprika- und Pfefferschoten, Blumenkohl, Oliven, Auberginen, Gurken und Zwiebeln. Dieses essigsaure Gemüse wird vor allem während der Fastenzeit verzehrt.

Trachanás Aus Milch und/oder Joghurt, Eiern und Mehl hergestellte Suppeneinlage, die von Bäuerinnen hergestellt wird. Die Zutaten werden gemischt, zerrieben und tagelang in der Sonne getrocknet. Das Ergebnis entspricht den schwäbischen Riebele, schmeckt aber ganz anders.

Trímma Bei der Herstellung und dem anschließenden Schneiden von Feta anfallende Brösel, die zum Kochen oder der Zubereitung von Käsemischungen wie *chtipití* verwendet werden.

Tsai tou vounóu Bergtee, Gebirgspflanze aus der Salbeifamilie, die getrocknet einen wohlschmeckenden Tee ergibt, der mit Honig getrunken wird.

Tsipourádiko Kneipe, in der vor allem Tresterschnaps ausgeschenkt wird. Bekannt sind die Tsipourádika in der Stadt Vólos.

Tsípouro Schnaps, der aus den Weinrückständen (Trester) gebrannt wird und in Kreta *Tsigoudiá* oder *Rakí* heißt. Im Epirusgebirge dient das Brennen dieses Schnapses (*kasánisma*) oft auch als willkommener Anlass für ein üppiges Fest.

Vassilópitta Runder Kuchen aus Hefe- oder Rührteig, der am 1. Januar, dem Fest des Heiligen Vassilios, feierlich angeschnitten wird. Wer die darin versteckte Münze bekommt, ist im angehenden Jahr von besonderem Glück gesegnet .

Venezianer Die Venezianer haben während der Kreuzzüge im östlichen Mittelmeer für einen funktionierenden Handel gesorgt und sind dabei sehr reich und mächtig geworden. Als Stützpunkt für ihre Unternehmungen besetzten sie eine Reihe der Inseln im Ionischen Meer und in der Ägäis und übten dabei auch ihren Einfluss auf die Küche aus.

Vólos Hafenstadt in Mittelgriechenland am Fuße des Píliongebirges; bekannt für seine Schnapskneipen, die *tsipourádika*, in denen vor allem Meeresfrüchte angeboten werden.

Wein, griechischer siehe Seite 16 f.

Yiássas, Yiássou Informeller Gruß auf der Straße, bei der Ankunft und beim Abschied; *yiássas* ist die höfliche und die Pluralform, *yiássou* die vertrauliche Du-Form für nur eine Person.

Glossar 149

Rezeptregister

Deutsch

Archondoulas Zucchiniauflauf 97
Artischocken à la Polita 78
Auberginen à la Maria 29
Auberginen mit Kichererbsen 90
Auberginen mit Reis 81
Auberginen und Zucchini, gebackene 26
Auberginen, Fleischtopf mit 128
Auberginenauflauf 86
Auberginenröllchen in Tomatensauce 90
Auberginensalat 36

Bauernsalat, griechischer 47
Bauernwürste mit Paprikaschoten 116
Béchamelsauce 72
Biftékia, mit Schafskäse gefüllt 120
Bohnengemüse 76
Bohnensuppe 68

Eier mit Tomaten 95
Erbsengemüse 80
Erdbeeren in Sirup, kandierte 142

Feigenpudding 139
Feta mit Knoblauch 25
Fischrogencreme 37
Fischsuppe 66
Fleisch in Oreganosud 128
Fleischröllchen in Tomatensauce 116
Fleischtopf mit Auberginen 128
Fleischtopf mit Nudeln 125
Frikadellen aus Hülsenfrüchten 37

Garnelensaganaki 40
Gebackene Auberginen und Zucchini 26
Gebackene Muscheln 113
Gebackene Quitten 144
Gebackener Klippfisch 108
Gebackener Thunfisch 101
Gedünstete Zahnbrassen 100
Gefüllte Muscheln 112
Gefüllte Tintenfische (mit Käsefüllung) 110
Gefüllte Tintenfische (mit Reisfüllung) 110
Gefüllte Tomaten und Paprikaschoten 92
Gefüllte Weinblätter 34

Gefüllter Schweinebauch 130
Gefülltes Huhn 132
Gegrillte Spitzpaprika 33
Gegrillter Seebarsch mit frischen
	Tomaten 100
Gemischter Gemüseeintopf 88
Gemüseeintopf 77
Gemüserührei 96
Gemüsesuppe 68
Geschmorter Fisch aus dem Backofen 104
Goldbrasse mit Zwiebeln und Tomaten 101
Griechischer Bauernsalat 47

Hackfleischbällchen in Zitronensauce 117
Hackfleischfrikadellen 120
Halvas aus Grieß 143
Hasenstiffado 126
Honigbällchen 140
Huhn, gefülltes 132
Huhn, Käse- 132
Huhn, Makkaroni- 134
Hühnerpitta 53
Hühnersuppe mit Zitronensauce 65
Hülsenfrüchten, Frikadellen aus 37

Joghurt, Lammfleisch mit 121
Joghurtsauce 73

Kandierte Erdbeeren in Sirup 142
Kandierte Sauerkirschen in Sirup 142
Kartoffeln in Öl und Oregano 80
Kartoffeln, Rindfleisch mit 135
Kartoffelragout 89
Käseecken 58
Käsefladen 60
Käsehuhn 132
Käsepaste, pikante 30
Käsepuffer 28
Käsesaganaki 26
Käsetaschen 57
Kichererbsen mit Spinat 85
Kichererbsen, Auberginen mit 90
Kichererbsen, Lammfleisch mit 125
Kichererbsensuppe 70
Klephtenlamm 122
Klippfisch Bourdetto 108
Klippfisch, gebackener 108

Knoblauchpaste 28
Knoblauchsauce 70
Kräutertaschen 56
Krautsalat mit Möhren 48
Krautwickel auf griechische Art 89
Kuttelsuppe 69

Lamm mit Endivien und
	Zitronen-Ei 121
Lammfleisch mit Joghurt 121
Lammfleisch mit Kichererbsen 125
Lauch und Sellerie mit Oliven 82
Lauchpitta 54
Linsensalat mit Venusmuscheln und
	Tintenfischen 43
Linsensuppe 69

Makkaronihuhn 134
Makkaronihuhn mit Reisnudeln 134
Marinierte Rotbarben 102
Milchpastete 139
Mit Schafskäse gefüllte Frikadellen 120
Muscheln mit Knoblauch 113
Muscheln, gebackene 113
Muscheln, gefüllte 112
Muschelsaganaki 42
Muschelsaganaki mit Petersilie
	und Knoblauch (Variante) 42

Neujahrskuchen 144
Nudelauflauf Pastítsio 118
Nudelauflauf, Oktopus im 106
Nusspitta mit Sirup 147

Oktopus im Nudelauflauf 106
Oktopus in Essig 38
Oktopus vom Grill (Variante) 38
Oliven, Lauch und Sellerie mit 82
Olivenpaste 32
Omelette Sfoungáto 95
Ostersuppe 64

Paprikapaste, pikante 32
Paprikaschoten, Bauernwürste mit 116
Paprikaschoten, gefüllte Tomaten und 92
Pikante Käsepaste 30
Pikante Paprikapaste 32
Pitta des Heiligen Phanoúrios 146
Platterbsenpüree 33

Quitten aus dem Backofen,
	Süßkartoffeln mit 82
Quitten, gebackene 144
Quitten, Schweinefleisch mit 131

Reis- und Hackfleischbällchen in
    Zitronensauce 117
Reisnudeln, Makkaronihuhn mit 134
Riesenbohnen, Salat aus 49
Rindfleisch in Zitronensauce 135
Rindfleisch mit Kartoffeln 135
Romano mit Dill 48
Rotbarben, marinierte 102
Rote-Bete-Salat 49

Salat aus Riesenbohnen 49
Sauerkirschen in Sirup, kandierte 142
Schweinebauch, gefüllter 130
Schweinefleisch mit Honig und
    Thymian 129
Schweinefleisch mit Quitten 130
Schweinefleisch mit Sellerie 131
Schweinefleisch-Pfanne 44
Schweinefleisch-Pfanne mit Wein 44
Schweinefleisch-Pfanne mit
    Zitronensaft 44
Schweinskopfsülze 46
Schweinskopfsülze mit
    Gemüse (Variante) 46
Schwertfisch in Pergamentpapier 104
Seebarsch mit frischen Tomaten,
    gegrillter 100
Sellerie mit Oliven, Lauch und 82
Spinat aus dem Backofen 85
Spinat, Kichererbsen mit 85
Spinatpitta 61
Spinatreis 94
Spitzpaprika, gegrillte 33
Süßkartoffeln mit Quitten aus dem
    Backofen 82

Thunfisch, gebackener 101
Tintenfische mit Reis 109
Tintenfische, gefüllte 110
Tintenfischen, Linsensalat mit
    Venusmuscheln und 43
Tomaten und Paprikaschoten, gefüllte 92
Tomaten, Eier mit 95
Tomaten, gegrillter Seebarsch mit 100
Tomaten, Goldbrasse mit Zwiebeln und 101
Tomatensauce 73
Tomatensauce mit Zwiebeln, Knoblauch
    und Petersilie 73
Tomatensauce, Auberginenröllchen in 80
Tomatensauce, Fleischröllchen in 116
Tsatsiki 25

Venusmuscheln und Tintenfischen,
    Linsensalat mit 43

Wachteln in Wein 126
Walnussflöten 146
Weinblätter, gefüllte 34
Weiße Riesenbohnen 84
Wildkräutersalat 47

Zackenbarsch nach Art von Spetses 105
Zahnbrassen, gedünstete 100
Zickleinkeule aus dem Backofen 124
Ziegenfleisch mit Reis 124
Zitronen-Ei-Sauce 72
Zitronensauce, Hühnersuppe mit 65
Zitronensauce, Reis- und
    Hackfleischbällchen in 117
Zitronensauce, Rindfleisch in 135
Zucchini, gebackene Auberginen und 26
Zucchiniauflauf ohne Teigboden 60
Zucchiniauflauf, Archondoulas 97
Zucchinipuffer 30

Griechisch

Angináres a la políta 78
Arakás 80
Arnáki kléphtiko 122
Arnáki me antídia ke avgolémono 121
Arní me jaoúrti 121
Arní me revíthia 125
Avgá me domáta 95

Bakaliáros bourdétto 108
Bakaliáros tiganitós (Variante) 108
Baklavás 147
Barboúnia marináta 102
Biftékia (Variation) 120
Briám (Tourloú-tourloú) 77

Chirinó me kidónia 130
Chirinó me méli ke thimári 129
Chirinó me sélino 131
Choriátiki saláta 47
Chórta 47
Chortopitákia 56
Chortósoupa 68
Chtapódi me makaronáki 106
Chtapódi sta kárvouna (Variante) 38
Chtapódi xidáto 38
Chtipití 32

Dolmádes jalantsí 34

Fakés me kydónia ke kalamária 43
Fakés soúpa 69
Fanourópitta 146
Fasoláda 68
Fasólia 76
Fáva 33
Féta me skórdo 25
Flojéres 146
Florines tiganités 33

Galaktoboúreko 139
Gárides saganáki 40
Giouvétsi me kritharáki 125
Glikó tou koutalioú / víssino 142
Glikopatátes me kidónia ston foúrno 82

Halvás simigdalénios 143

Jemistá 92
Jígantes 84
Jígantes saláta 49
Jouvarlákia 117

Kajaná 96
Kalamarákia jemistá 110
Kalamarákia me rísi 109
Katsikáki me piláfi 124
Katsikáki boúti ston phoúrno 124
Keftedákia 120
Keftédes me óspria 37
Kidónia ston phoúrno 144
Kolokithákia ke Melitsánes tiganités 26
Kolokithokeftédes 30
Kolokithópita chorís phíllo 60
Kolokithópita tis Archondoúlas 97
Kotópita 54
Kotópoulo jemistó 132
Kotópoulo me tirí 132
Kréas me melitsánes 128
Kréas riganáto 128

Lachanodolmádes 89
Lagós stiffádo 126
Lavráki psitó me omí domáta 100
Loukoumades 140

Majirítsa 64
Maroúli me ánitho 48
Melitsánes me revíthia 90
Melitsánes me rísi 81
Melitsánes me sáltsa domáta 90
Melitsánes tis Marías 29
Melitzanosaláta 36
Mídia jemistá 112
Mídia me skórdo 113

Mídia saganáki 42
Mídia tiganitá 113
Moschári lemonáto 135
Moschári me patátes 135
Moussakás 86

Ortíkia krasáta 126

Pantsétta jemistí 130
Pastítsio 118
Pastizáda 134
Patátes jachní 89
Patátes ladorígani 80
Patsária vrastá 49
Patsás 69
Pichtí 46
Poltós eliás 32
Prásso me sélino s eliés 82
Prassópitta 53
Psári ston foúrno 104
Psarósoupa 66

Revíthia 70
Revíthia me spanáki 85

Saganáki tirí 26
Saláta láchano me karóta 48
Sáltsa avgolémono 72
Sáltsa besamél 72
Sáltsa domátas 73

Sáltsa jaourtioú 73
Sáltsa skórdou 70
Sfirída a lá spetsióta 105
Sfungáto 95
Sikalevriá 139
Sinagrída vrastí 100
Skordaliá 28
Soúpa me avgolémono 65
Soutsoukákia 116
Spanaki ston foúrno 85
Spanakópita 61
Spanakóriso 94
Spetsofái 116
Strapazáda 96
Suffikó 88

Taramosaláta 37
Tiganiá 44
Tirokafterí 30
Tirokephtedákia 28
Tirópita chorís phíllo 60
Tiropitákia 57
Tiropitákia me sfoliáta 58
Tónos plakí 101
Tsatsíki 25
Tsipoúres sto tapsí 101

Vassilópitta 144

Xiphiós sti ladókolla 104

Abkürzungen im Buch:

EL	=	Esslöffel
TL	=	Teelöffel
l	=	Liter
ml	=	Milliliter
kg	=	Kilogramm
g	=	Gramm
Msp.	=	Messerspitze
TK	=	Tiefkühlware
°C	=	Grad Celsius

152 | **Rezeptregister**

 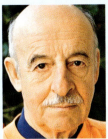

Die Autoren:

Panayota (Pitsa) Petraki ist in Limassol (Zypern) geboren, aber in Griechenland aufgewachsen. Ihre berufliche Laufbahn begann sie als Tonmeisterin in einem prominenten Athener Aufnahmestudio. Ihre Leidenschaft aber gehört neben dem Kochen für die Familie und Gäste dem riesigen Garten bei Marathon. Dort baut sie ihr eigenes Gemüse und Obst an, pflegt eine Hundertschaft von Olivenbäumen und widmet viel Zeit und Mühe ihren Bienenvölkern. Wenn ihr Zeit übrig bleibt, angelt sie auch noch im nahe liegenden Meer.

Hubert Eichheim, im Allgäu geboren und aufgewachsen, genießt seit mehr als dreißig Jahren die Küche von Pitsa Petraki, mit der er verheiratet ist. Der Philologe und Schriftsteller hat sich nach einer beruflichen Laufbahn beim Goethe-Institut, wo er zuletzt die Forschungsabteilung leitete, in Griechenland niedergelassen. Einige seiner zahlreichen Publikationen befassen sich mit dem heutigen Griechenland, seiner Lebenswelt und seiner gesellschaftlichen Entwicklung. Er ist Liebhaber und Kenner der griechischen Küche und griechischer Weine.

Bildnachweis:

Titelbild und Rezeptfotos sowie die Fotos auf den Seiten 22/23, 33, 50/51, 62/63, 74/75, 98/99, 114/115 und 136/137: FOOD CENTRALE, Hamburg
Ein besonderer Dank gilt dem Griechenlandspezialisten **Attika Reisen**. Der Reiseveranstalter hat für dieses Buch folgende Fotos zur Verfügung gestellt: Seite 3 rechts unten, Seite 9, 10, 28, Seite 40 Mitte, Seite 44 unten, Seite 57, Seite 112 links und rechts. Attika Reisen finden Sie im Internet unter www.attika.de.
Alle anderen Fotos: Verlag

Alle in diesem Buch enthaltenen Informationen und Rezepte wurden von den Autoren und dem Verlag sorgfältig erarbeitet und überprüft. Eine Haftung kann jedoch nicht übernommen werden.

Anregungen und Hinweise sind jederzeit willkommen:
info@seehamer.de oder Postfach 61, D-83629 Weyarn
Besuchen Sie uns auch im Internet: www.seehamer.de

Das Werk einschließlich aller seiner Teile ist urheberrechtlich geschützt. Jede Verwertung außerhalb der engen Grenzen des Urheberrechtsgesetzes ist ohne Zustimmung des Verlages unzulässig und strafbar. Das gilt insbesondere für Vervielfältigungen, Übersetzungen, Mikroverfilmungen und die Einspeisung und Verarbeitung in elektronischen Systemen.

© 2003 Seehamer Verlag GmbH, Weyarn
Alle Rechte vorbehalten
Gestaltung, Satz und Redaktion: Bine Cordes, Weyarn
Lektorat: Dr. Ute Paul-Prößler
Lithographie: inteca Media Service GmbH, Rosenheim
Druck und Bindung: Stalling, Oldenburg
ISBN 3-934058-84-1